꿈과 성장, 배움과 쉼이 어우러지는 서울 교육 공간 이야기

교육혁신의 시대

배움의 공간을 상상하다

몸과 성장, 배움과 쉼이 어우러지는 서울 교육 공간 이야기

교육혁신의 시대

배움의 공간을
상상하다

초판 1쇄 발행 2020년 9월 9일
초판 2쇄 발행 2021년 1월 11일

지은이 함영기, 구자옥, 김소영, 김승회, 김태구, 박인우, 배성호,
　　　　이인호, 이재림, 이화룡, 장은정, 정수진, 최인규, 최홍길
펴낸이 김승희
펴낸곳 도서출판 살림터

기획 정광일
편집 조현주
북디자인 꼬리별

인쇄·제본 (주)신화프린팅
종이 (주)명동지류

주소 서울시 양천구 목동동로 293, 22층 2215-1호
전화 02-3141-6553
팩스 02-3141-6555
출판등록 2008년 3월 18일 제313-1990-12호
이메일 gwang80@hanmail.net
블로그 http://blog.naver.com/dkffk1020

ISBN 979-11-5930-157-5 03370

이 도서의 국립중앙도서관 출판예정도서목록(CIP)은
서지정보유통지원시스템 홈페이지(http://seoji.nl.go.kr)와
국가자료공동목록시스템(http://www.nl.go.kr/kolisnet)에서 이용하실 수 있습니다.
(CIP제어번호: CIP2020036918)

꿈과 성장, 배움과 쉼이 어우러지는 서울 교육 공간 이야기

교육혁신의 시대

배움의 공간을 상상하다

함영기 구자옥 김소영 김승회 김태구 박인우 배성호
이인호 이재림 이화룡 장은정 정수진 최인규 최홍길

살림터

학교 공간 혁신은
교육혁신의 기반이자 종착 지점

2020년 불현듯 아무 예고 없이 불어닥친 코로나-19로 인해 전 세계가 불안해하고 있고, 그로 인해 우리의 소소한 일상의 소중함을 느끼게 됩니다. 그리고 우리 학생들에게 학교라는 공간이 얼마나 소중한 것이었나 다시 한 번 생각하게 됩니다.

이 책은 "학생들의 꿈과 성장, 배움과 쉼이 어우러지는 학교공간 혁신 이야기"를 담고 있습니다.

서울시교육청의 중요 정책인 학교 공간 혁신 사업이 학교현장과 어떻게 만나고 있으며, 어떻게 다양한 교육 공간 혁신이 일어나고 있는지를 잘 보여 주고 있습니다.

학교 공간 혁신이라는 서울 교육정책을 현장에서 실행에 옮기며 이루어지는 이야기를 한 분 한 분의 소중한 글로 새겨서 한 권의 책으로 여러분에게 전할 수 있게 되어 기쁘게 생각합니다. 그리고 집필에 참여한 함영기 서울교육연수원장님을 비롯한 14명의 집필자님들께 감사드립니다.

2017년 '꿈을 담은 교실'을 시작으로 해서, '꿈꾸고 꾸미는 화장실', '꿈을 담은 놀이터', '협력종합예술 공연장', '메이커 스페이스', '홈베이스'

등 다양한 사업으로 확대하여 온 서울시교육청의 학교 공간 혁신 사업은 학교를 학생들의 삶의 공간으로 디자인하여 아이들이 가고 싶은 학교, 즐거운 학교, 배움, 놀이, 휴식, 교류가 이루어지는 학교 공간을 만들고자 하는, 교육혁신의 기반이자 종착점이라고도 할 수 있는 중요한 정책 사업입니다.

학생들의 정서적 균형과 안정을 보장하고, 성장과 발달을 도모하여 심리적 만족감과 즐거움을 줄 수 있는 품격 있고 수준 높은 창의·감성적 배움의 공간을 만들기 위해, 학교 공간을 커뮤니티 활동 촉진, 교과의 전문성, 휴식과 놀이가 보장되는 공간으로 조성하며 학교 내 작은 공간도 협력적 창의지성이라는 미래역량을 키우기에 걸맞은 학습 공간이자 삶의 공간으로 조성하고자 노력하고 있습니다.

3년 동안의 꾸준한 노력으로 지금의 학교는 학습뿐만 아니라 놀이와 휴식이 이루어지는 공간, 아이들이 꿈꾸는 다양한 공간으로 바뀌어 가고 있고, 교실 환경의 변화는 수업의 질을 변화시키고 있습니다. 또한 학생들의 창의성과 감수성 향상에도 많은 도움이 될 것으로 확신합니다.

이러한 노력의 결실로 지난해에는 '꿈을 담은 교실' 모델이 교육부에 의하여 공간 혁신 국책사업으로 선정되어 전국의 학교로 확대되고 있으며, '2019년 대한민국 우수시설학교' 최우수 작품으로 '꿈을 담은 교실'이 선정되는 등 서울시교육청의 사례가 학교 공간 혁신의 전국적인 모델이자 선도 사례가 되고 있습니다.

저는 서울의 학교 공간 혁신이 이러한 성공을 거둔 것은 '절차의 혁신'이 있었기 때문에 가능하였다고 생각합니다. 기존의 '학교 시설 개선'은 교육청에서 예산이 학교로 내려가고, 학교는 단순히 '공사를 발주'하거나 교육청이 직접 '공사를 발주'하는 형태에 지나지 않았으며, 모든 의사결정은 관료적 시스템에 의해서 진행되었고 사용자의 요구나 관계자들의 다양한 상상력은 제대로 반영되지 못했습니다. 그러나 서울시교육청이 3년 동안 추진해 온 '학교 공간 혁신'은 초기부터 관료적 의사결정을 넘어서서 꿈담교실 건축 전문가들에게 교실 공간 구성의 자율성을 부여하고, 교사, 학생, 학부모들이 함께 참여하여 집단지성을 만들어 내는 참여적 의사결정 과정을 통해 추진되는 시스템을 채택하였습니다.

저는 지난해 7월 서울하늘숲초등학교에서 전국의 교육 공간 담당자가 참여하는 서울형 미래교육공간혁신 워크숍을 개최하였습니다. 그 당시 저는 "2기 1년을 마무리하고 이후 강화할 주요 정책의 하나가 바로 교육 공간의 혁신과 학교 중심의 통합적 교육 모델을 접목하는 미래교육공간혁신"이라고 말씀드리며 "서울교육공간혁신 2.0을 위해 꿈담건축가·학교건축가 제도를 도입하여 모든 학교의 작은 공간도 협력적 창의지성이라는 미래역량에 걸맞은 학습 공간이자 삶의 공간으로 혁신하도록 할 계획이며, 나아가 학교별 공간 혁신 10년 마스터플랜 작성을 지원할 것이고, 또한 향후 서울시교육청 관련 부서 산하에 공공건축지원센터를 두어 획일화된 공간 설계가 아니라 철학과 가치가 녹아든 창의적인 공간 설계가 이루어질 수 있도록 기획 단계부터 깊이 있게 검토할 것"이라고 밝힌 바 있습니다.

저는 앞으로 교육청뿐만 아니라 학교별 공간 혁신에 관한 중장기 계획을 세우고 각각의 절차 및 분야별로 전문가와 접목하여 미래교육을 대비하고 서울 교육의 철학과 비전을 담은 서울교육공간혁신 2.0을 위해 중·장기 관점에서 학교별 공간 혁신 계획을 지원하고자 합니다. 철학과 가치가 담긴 창의적·미래지향적인 교육 공간을 만들어 모든 학생들이 꿈을 실현할 수 있는 공간 혁신을 추진할 예정입니다.

　아울러 서울시교육청의 모든 학교를 다르게 만들고자 합니다. 우리나라의 미래를 여는 학생들에게 가장 창의적이고 상상력 넘치는 공간, 학교 공간의 고정관념을 넘어서는 건축을 만들어 학생, 학부모, 시민이 함께 나누게 하는 것이 저의 소망입니다.

　학생이 행복할 때, 학교라는 공간이 더욱 빛난다는 것을 더욱 느끼게 됩니다.

　우리 학생들이 세계에서 가장 이상적인 학교 공간에서 배우고, 학생들이 가고 싶은 학교, 삶이 있는 학교를 만들도록 학교공동체의 구성원들과 함께 최선을 다하겠습니다.

　감사합니다.

2020년 8월

서울특별시교육감 조희연

학교 공간을 위한 투자는
미래 세대를 위한 디딤돌 작업

학교 혁신의 경로는 대체로 수업 혁신, 교육과정 혁신, 평가 혁신 순으로 일어난다. 학생들에게 질 높은 배움을 제공하는 것은 물론, 암기 위주의 지식교육에서 삶과 연계한 활동 중심의 교육으로 이행하기 위해서는 수업을 먼저 바꾸고자 하였다. 교사들은 수업에 변화를 주기 위해 교육과정을 재구성했고, 성장을 돕는 과정 중심 평가를 적용하였다. 전국적인 학교 혁신 움직임은 학교 업무의 정상화를 통한 민주적 공동체의 구축을 중심 줄기로 하여 교육과정, 수업, 그리고 평가의 혁신을 결합하는 것으로 나타났다. 학교 혁신의 초기에는 교육을 개선하고자 하는 헌신적인 활동가 교사들의 노력으로 이러한 실천이 도처에서 일어났다.

그러나 학습을 지원하는 환경은 그대로 두고 진행하는 수업과 교육과정, 평가의 혁신은 한계를 가질 수밖에 없었으며, 교사들의 헌신에 과잉 의존하는 결과를 초래하였다. 여기서 학교 및 교실 환경 등 학생들의 학습을 효과적으로 촉진하는 장인 '배움의 공간'을 개선함으로써 학교 혁신을 가속화하고 나아가 지속가능한 생태계를 만들어야 한다는 움직임이 일어났다. 서울에서는 '꿈을 담은 교실', 광주에서는 '교육과정 속 공간 혁신', 전국적으로는 '민주학교'의 운영 과정에서 배움의 공간 혁신

바람이 거세게 불었다.

서울시교육청은 2016년 미래교육준비협의체 활동을 통해 미래역량, 미래교육체제, 미래교육 의제를 정리하였다. 인지 역량, 사회/정서 역량, 자율적 행동 역량 등 서울 학생의 미래역량을 함양하기 위한 인적·물적 체제 안에 교육청과 학교 그리고 마을의 변화를 상상하였다. 서울시 교육청은 이때부터 배움의 공간 혁신을 주요 전략 과제로 선정하고 학교를 학습, 일, 놀이, 쉼의 장소로 개념화하기에 이른다. 공간자문관 및 MP(Master Planner) 제도의 도입, 유니버설 디자인과 사용자 참여 기반 공간 혁신 사업이 활발하게 진행되었다. '꿈을 담은 교실'은 교육청과 현장의 교사들, 디자인 동행에 참여한 학생들, 그리고 건축가들의 협업으로 탄생한 대표적 공간 혁신 정책이다. 학습의 장소인 교실을 미래지향적으로 개선하는 것은 물론이고 일(노동)을 위한 학교 텃밭과 수공노작을 촉진하는 실습실, 디지털 창작 공방으로서 메이커 스페이스가 탄생하였다. 놀이를 위한 장소로는 '꿈을 담은 놀이터'를 비롯해 쉼의 공간으로 '학습나눔 카페', '홈베이스', '스트레스 프리존' 등이 생겨났다. 영역별 공간 개선 활동이 낱낱으로 분절되지 않도록 대상 학교마다 공간 혁신에 대한 비전과 마스터플랜을 세우고 공간자문관을 배치하여 통합적 접근을 시도하였다.

이 책은 서울에서 진행했던 공간 혁신의 기록이다. 조직 체계 안에 공식적으로 자리 잡은 교육공간기획단의 활동을 중심으로 서울교육공간플랜[2017] 등 공간 혁신의 종합 계획을 수립하여 진행한 과정을 상세하게 밝히고 있다.

제1장에서는 공간 혁신이 왜 중요한지 여러 근거를 통해 알아보는 한편, 무엇이 바람직한 공간 혁신을 가로막고 있는지를 밝히고 미래를 위

한 일곱 가지의 실천 전략을 제안한다. 이어서 정책 측면에서 서울형 학교 공간 혁신 과정을 정리하고 건축 전문가의 학교 공간 혁신 제안을 들어 본다.

제2장에서는 배움과 쉼, 일과 놀이가 어우러지는 열린 학교 공간에 대한 실천적 사례들을 제시하고 있다. 학생들과 함께 공간 혁신을 계획하고 실천했던 기록을 생생하게 마주함으로써 학교를 재구조화하거나 교실을 개선하고자 하는 교육자들에게 구체적인 아이디어와 영감을 주게 될 것이다. 교사들은 학생들의 여백을 만들어 내는 시간의 창조자이기도 하다. 그러기 위해선 교사들 스스로 교육활동의 여백을 통해 휴식과 재충전의 기회를 가져야 한다. '소통과 나눔방'를 만들고 운영하며 다시금 교육활동의 에너지를 생성해 가는 학교의 사례는 독자들의 공간을 보는 눈을 새롭게 할 것이다. 본관 입구에 민주적 소통의 광장인 '아고라'를 둔 사례는 공간 혁신이 철저하게 학생의 시선으로 이루어져야 함을 밝히고 있다. 교무실 옆에 설치한 '마마방'은 교사와 학부모들의 커뮤니티 장소이다.

제3장에서는 학교 공간 혁신이 학생 성장의 디딤돌이 됨을 실천 사례를 통해 제시하고 있다. 여러 과목의 융합수업을 통한 화장실의 개선 과정은 학생들이 공간 혁신의 주인이 되어 아이디어를 내고 설계하는 과정을 담는다. 사용자 참여 디자인에 대한 설명과 방법론, 그리고 공간의 진화를 교육철학으로 풀어 보는 '창의적인 교육환경 생각해 보기', '희망을 노래하는 배움의 공간'은 미래형 교육 공간의 방향을 통해 교수학습 방법의 개선에 희망을 주고 있다.

신설 학교 건축이든, 기존 학교의 재구조화이든 공간 혁신을 꿈꾸는 전국의 교사들과, 이를 조력하는 건축가들에게 작은 영감이라도 주기를 소망한다. 공간을 위한 투자는 미래 세대를 위한 디딤돌을 놓는 작업이다. 공간을 어떻게 유지하는가 하는 것은 곧 시민교육을 어떻게 할 것인가와 맥락을 같이한다. 공간을 어떻게 꾸미고 배치하느냐에 따라 학생들은 공간의 주인이 되기도 하고, 그저 손님에 머물기도 한다. 우정과 환대의 공간은 학생들을 성숙한 시민으로 기르는 환경적 조건이다. 책을 만드는 과정에 적극 참여해 주신 필자들, 사진을 제공해 준 교육청의 관련 부서, 각기 다른 영역의 글들을 한 줄에 꿰어 주신 살림터 출판사에 감사드린다.

2020년 여름
저자들을 대신하여 함영기

차례

제1장 꿈을 담은 교실을 넘어 미래를 담은 학교

제2장 학교! 남다른 공간, 남다른 상상

제3장 학교 공간의 다양한 가능성 찾기

제1장

꿈을 담은 교실을 넘어
미래를 담은 학교

배움의 공간,
상상에서 현실로

함영기(교육부 교육과정 정책관)

삶의 장소, 학교

오늘날 아이들의 주된 생활 공간인 학교는 사각형의 교실과 일자형의 긴 복도, 흙먼지 날리는 운동장, 외부와 학교를 구분하는 담장 등 비슷한 모습을 유지하고 있다. 이러한 공간에서 학생들은 분 단위로 촘촘하게 짜인 시간표에 따라 수업, 쉼, 급식을 제공받고 있으며, 학교에서 제시하는 규칙에 따라 질서 있게 행동하는 방법을 학습한다. 학교가 규격화된 성냥갑처럼 지어지던 근대 시기, 교육의 목표는 학생들을 체계적으로 길들여 표준화시키는 것이었다.[김경인, 2014] 기본적으로 학교는 훈육 discipline을 그 중심 원리로 두게 되었고, 근대적 교육 공간으로서 학교의 모습도 그에 맞춰 변화되었다.[한용진, 2011] 이러한 공간에서 선발적 교육관에 따라 이루어지는 교육은 학생의 고유성과 존엄성을 보장하지 못하고 있으며, 교육적 경험의 구성과 전인적 발달에 큰 장애가 되고 있다.

1962년에 도입된 '학교 시설 표준설계도'는 학교마다 가져야 할 고유한 개성을 무시하고 천편일률적인 배움의 공간을 만들어 냈다. 학교 공간 구조가 획일적이라는 지적에 따라 1990년대에는 현대화 시범학교 계획에 따른 학교 건축물 다양화 정책을 시행하였다. 이로써 표준설계도가 사라지고 열린교실, 교과교실, 정보화교실, 복합화교실 및 BTL(임대형 민간투자사업) 등을 추진하였다. 그러나 1990년 이후 적용된 '표준건축비'는 현대적 학교 공간의 설계와 시공에 따른 풍부한 재정을 조달하지 못해 배움의 공간을 혁신하는 데 큰 한계로 작용하였다.

학교 공간은 아이들이 하루 시간의 대부분을 보내는 장소이다. 아이들은 학교에서 어떤 체험을 하느냐에 따라 교육적 경험을 구성하기도 하고 학교생활을 나쁜 기억으로 내면화하기도 한다. 송순재[2011]는 학교 공간의 교육학적 조성을 위한 열한 가지 문제를 정리했다. 그것은 1) 철학, 2) 합리성과 안전성, 3) 아늑함과 트임, 4) 삶의 분지화와 전체성[1], 5) 민주적 공간, 6) 아름다움, 7) 내면성, 8) 생동성[2], 9) 전통과의 교류, 10) 생태적 시각, 11) 함께하는 집짓기 프로젝트 등이다.

학교의 공간은 그 자체로 중요한 교육과정이자 하나의 교과서, 텍스트이다. 학생들은 그 공간을 경험하는 과정을 통해 지식이 전수되는 방식, 생활을 영위하는 방식 그리고 그 공간이 내포하는 문화적 취향을 익힌다.[김승회, 2015] 이런 까닭에 초등학교 입학부터 고등학교 졸업까지 12년이라는 긴 세월을 학교 공간에서 삶의 경험을 구성하는 아이들은 그곳이 어떤 공간인가에 따라 매우 다른 문화적 소양을 갖게 된다. 듀이[1915]는 이미 백 년 전에 전통적인 교실에 아이들의 작업 공간이 없음을 지적하

---

1. 분지화란 개별 과학의 분화 과정 및 현대 산업사회에서 작업의 효율화를 위해 도입한 분류 구조로 인해 삶과 교육에 초래된 문제나 전체성의 해체 현상을 말한다. 반면 전체성이란 그렇게 해체된 분지들을 다시금 한자리에 불러 모아 함께 엮어 내기 위한 작업을 말한다.
2. 생동성이란 정지 상태나 고형화된 상태, 도식적 상태 등이 아닌, 운동성, 활기, 변화무쌍함 등 생명적 현상을 표현하는 말이다.

면서 아이들이 구성, 창조, 탐구하기 위한 작업장이나 실험실을 구비해야 한다고 말했다. 그는 학교가 교과를 배우기 위한 별도의 장소가 아니라 살아 있는 사회적 삶을 영위할 수 있는 곳이 되어야 한다고 보았다. 이러한 듀이의 주장은 결국 학교의 역할과 성격을 전통적인 지식 전달의 공간이 아닌, 가정의 일과 삶이 연계된 현재적인 아동의 생활 경험과 훈련의 장, 대화 및 활동의 장, 공동체의 장으로 인식하게 하였다.류호섭, 2016

이 글은 아이들의 학습, 일, 놀이, 쉼을 적절하게 보장할 수 있는 공간으로서 학교 공간의 역할을 묻고, 미래역량을 준비하는 장으로, 미래지향적 교육체제 중 하나로, 교직원이 하루 종일 직업 활동을 하는 일터로 학교 공간 문제를 검토한다. 이를 바탕으로 교육혁신의 시대에 교사, 학생, 학부모는 물론이고 모든 시민이 관심을 가져야 할 사회적 의제로 제시할 것이다. 배움의 공간에 대한 국민적 공론화 과정은 국가 차원에서 학교 건축 및 시설에 관한 법령의 개정이나 재정 투자의 우선순위를 조정하는 데 기여할 수 있을 것이다.

미래지향적 학교 공간 상상

미래 사회의 변화와 학교 공간

미래 사회에는 저출생 및 고령화, 도시집중화 현상이 나타날 것으로 예상되며, 유한한 자원과 기후변화 등으로 인한 환경 파괴와 에너지 문제가 더욱 심화될 것이다. 또한 기술 진화는 더욱 빠르게 진척되어 학습자의 생활양식을 바꾸어 놓을 것으로 예측되고 있다.송병준·주범, 2011 미래 사회의 생활 패턴에 영향을 주는 요소로는 사회구조, 경제활동, 환경, 과학기술, 문화예술 등이 있으며, 미래 사회 생활 패턴의 변화를 감안하여 미래 학교가 추구해야 할 방향은 ① 언제 어디서나 공부할 수 있는 학습 공간 조성, ② 지속가능한 학교 건축, ③ 다양한 모습의 학교 건축, ④ 무장애 및 안전한 학교 건축, ⑤ 지역사회의 필요 시설과 노령화 사회에 대비하는 평생교육 시설로서의 학교이다.[이연수, 2009] 이와 관련해 OECD[2001]는 미래 학교 시나리오를 다음의 여섯 가지로 제시하였다. 제시된 시나리오를 기준으로 이상적인 형태의 미래 학교를 상상해 보면, 그 모습은 관료체제와 시장화(시나리오 ①, ②)를 극복하고, 학교가 사회적 구심과 학습을 위한 중점 기관(시나리오 ③, ④)으로 자리 잡는 가운데, 학습자 네트워크(시나리오 ⑤)와 공존하는 것이다.[3]

[표 1] 미래 학교 시나리오(OECD, 2001)

현재 상태의 지속	학교 재구조화 (re-schooling)	탈학교화 (de-schooling)
시나리오 ① 관료주의 체제의 지속	시나리오 ③ 사회적 구심으로서의 학교	시나리오 ⑤ 학습자 네트워크와 네트워크 사회
시나리오 ② 시장 모형의 확대	시나리오 ④ 학습을 위한 중점 기관으로서의 학교	시나리오 ⑥ 학교 붕괴로 인한 교사의 학교 이탈

시나리오 ⑤의 학습자 네트워크를 포괄하기 위해서는 학교 공간이 물리적으로나 기술적으로 충분한 미래지향적 인프라를 갖추어야 한다. 물론 기술적 인프라만으로 학생들의 '학습의 기쁨과 능동적 참여'[Finnish]

---

3. 최악의 경우는 시나리오 ①, ②는 온존, 강화되며 ③, ④는 충분히 경험해 보지 못한 채 ⑤를 거쳐 ⑥으로 향하는 것이다. 미래교육을 준비한다는 것은 과거의 구습과 단절하고 주어지는 기회를 활용하되, 학교가 다시금 사회적으로 공적 신뢰를 확보하도록 재구조화를 선제적으로 고민하는 것이다.

National Board of Education, 2014를 보장할 수는 없다. 미래 학교는 개인의 생애를 설계하는 곳, 학생들뿐만 아니라 지역 주민 모두의 학습을 지원하는 곳, 사회와 학습의 벽을 허물어 주는 곳이다. 계보경2016은 이와 같은 문제의식에 따라 미래 학교의 방향을 스마트 학교, 글로벌·지역사회와 연계된 학교, 생태지향적 학교, 안전한 학교, 즐거운 학교로 제안하였다. 이러한 제안에 따라 미래지향적 학교 공간을 구축한다는 것은 과거와 현재 기점을 포함하여 학습자의 바람직한 성장에 장애가 되었던 모든 환경 요소를 제거하고 학습, 일, 쉼, 놀이가 충만하게 이뤄지는 곳으로 학교 공간을 '재구조화re-schooling'하는 것을 의미한다. 인공지능과 빅데이터, 초연결을 바탕으로 하는 미래 사회는 지금과는 다른 미래역량을 요구한다. 이러한 미래역량이 바람직하게 발현되는 토대인 학교 공간역시 미래지향적으로 전환해야 한다. 이와 같은 문제의식으로 볼 때 학교는 접속/비접속의 경계가 없는 상시적 네트워크의 공간으로 작동해야한다. 이는 학교 공간 어디에서든, 어떤 단말기로든, 학습자원의 유형에상관없이 생성, 공유되는 거점으로 자리 잡는다는 것을 뜻한다.

이와 함께 고교학점제, 자유학기제, 창의융합교육, 메이커 교육 등 새로운 교육정책에 따른 홈베이스와 미래공방교실도 적극 구축해야 한다. 특히 2025년부터 본격적으로 도입할 고교학점제에 따라 지금까지와 달리 고등학교에서도 공강 시간이 생길 것이다. 이에 대비하여 서울시교육청은 일반 고등학교와 자율형 공립고등학교에 홈베이스 성격의 '학습카페'를 구축하고 있다. 이곳은 학생들의 휴식이나 각종 활동에 유익히게사용될 것이며, 공강 시간을 맞은 학생들이 휴식과 학습 준비의 장으로활용하게 될 예정이다. 이러한 홈베이스는 학교의 조건에 따라 집중형, 분산형, 코어형김선호·한동욱, 2010으로 설계된다. 아울러 미래 학교 공간은 학생들의 감수성을 충만하게 키워 주는 곳이어야 한다. 이경선[2016]은 지속가능한 미래 학교를 고민하면서 몇 가지 속성을 제안했는데, 그것은 연속성, 다의성, 상징성, 의외성, 자연친화성 등이다. 연속성은 시선과 동선 및 체험의 연결을 보장하는 개념이며, 다의성은 가변적인 공간 구조와 융통성 있는 공간 활용이 가능하다는 것이다. 상징성은 추상적, 해학적 표현과 정체성 및 장소성을 동시에 고려하는 개념이고 의외성은 비일상적 스케일, 의외의 소재 사용과 디자인을 뜻한다. 자연친화성은 자연을 직접 느끼고 체험하며 채광, 통풍, 자연 소재 사용 등을 포함하는 개념이다.

현재의 학교 공간이 획일적이고 표준화된 시설 구조로 학생들의 편의·안전·정서를 고려하지 못하고 있다는 것은 주지의 사실이다. 서울시교육청은 2016년 서울미래교육준비협의체 활동 및 교육감의 교육혁신 제안을 통해 '안전하고 미래지향적인 학교 공간 구축'을 주요한 국가수준 미래교육 의제로 제안하였다. 교육청은 학교 공간의 구성 및 재구조화에 대한 문제의식을 바탕으로 학생, 교사, 학부모 등 교육 당사자가 참여하는 '학교건축심의위원회' 구성과 '꿈을 담은 교실 만들기' 사업의 전국 확대를 제안하였다. 학습, 일, 쉼, 놀이가 공존하는 미래지향적 학교 공간이 되기 위해서는 시공을 초월하는 학습 활동을 보장하기 위한 유비쿼터스 환경 구축, 학습과 일을 통합하는 수공노작방maker space을 마련하고, 장기적으로는 포괄적 배움터인 '학습 공원learning park' 개념을 도입해야 한다.

미래지향적 학교 공간의 조건

변화된 미래 사회에서는 이에 조응하는 새로운 인재가 요구되므로 미래 학교의 도입을 통한 교육혁신이 필요하다. 또한 일반 대중에의 개방을 통해 지역 구성원들의 필요를 충족시켜 줄 수 있어야 한다. 아울러 미래 사회에서 요구되는 역량 교육을 염두에 둔 기능 중심적 학교 공간의 설계가 필요하다.^{Keris, 2011-12} 학교는 단순히 미래 사회의 변화에 따라 요구되는 노동력을 수동적으로 공급하는 창구가 아니다. 학습자의 바람직한 성장을 지속하는 것이 교육의 목적이라고 할 때, 이것은 과거와 현재, 미래 사회에서도 변치 않는 교육의 고유한 속성이다. 이러한 '좋은 성장'의 결과로 학생들은 그 고유성을 간직한 채 미래 사회에 기여할 수 있다. 학교는 감시와 통제 기능을 넘어 학생들의 고유성과 존엄성 보장을 위한 공간으로 거듭나야 한다. 아울러 미래 사회는 인간에게 기술 진화를 통한 혜택을 부여함과 동시에 불안정성에 노출시키며 네트워크와 빅데이터를 활용한 사생활 감시 및 정보 격차와 불평등이 심화될 가능성이 있다. 그러므로 학교는 생명의 존엄성과 안전의 중요성을 익히고 체험하는 학습장이 되어야 한다.

미래지향적 교육 플랫폼의 일부로 작동하는 학교 공간은 교육 자원을 공유하는 거점으로 타인 혹은 기계와의 초연결을 통해 교육적 경험을 확대하고 재구성하는 유비쿼터스 공간을 요구한다. 또한 불평등을 해소하고 민주주의를 학습해 나가는 참여와 자치의 공간, 생명체가 상호작용하고 감응하며 성장하는 개방적 친환경 생태 공간으로 재구조화해야 한다. 아울러 학생들의 몸을 통한 표현과 생산적 활동의 장이 되어야 한다. 신체와 정신, 그리고 사회적 발달의 거점으로서 학교는 학생들에게 수공노작과 미디어 생산의 기회를 제공해야 한다. 미래 학교에서는 교육과정 및 수업·평가의 자율성이 대폭 확대될 것이므로, 이와 같은 교육활동이 무리 없이 이루어질 수 있는 공간적 조건을 확보해야 한다.[4]

미래지향적 학교 공간에서 학생들은 쉼과 놀이를 즐기며 교사들은 학생들의 학습을 이끌고 촉진facilitation한다. 기존의 학급은 관리 단위가 아닌 자치 단위로 전환되고 학습은 학급이 아닌 주제 단위로 재편된다. 미래 학교는 이것을 가능하게 하는 공간적 조건을 마련해야 한다. 미래 학교에서는 무학년제 실시에 따라 학년을 초월하여 학습 주제를 중심으로 구성되는 학습 단위가 단계적으로 확대되며, 교육과정 자율화에 따른 선택형 학습 및 더 많은 탐구와 조사, 다양한 체험의 물리적 환경을 가능하게 하는 가변적 공간 구성이용환·이용환, 2011을 대폭 확대해야 한다. 모든 공간 설계 과정에서 중요하게 견지해야 할 원칙은 공간의 주인이 그 공간을 만들 때 주도적으로 참여하게 하는 것이다. '사용자 참여 디자인'이라 불리는 이 과정에는 교육과정과 공간 개선을 결합하는 적극적인 방식, 공간 설계 및 시공의 전 과정에서 사용자의 의견을 듣고 반영하는 방식 등이 있다. 이는 해당 학교의 조건과 준비 정도에 따라 다양한 층위에서 시도할 수 있다. 공간 혁신에서 가장 중요하게 생각해야 할 것은, 그 공간을 사용할 '주인'들의 자유로운 상상을 반영하는 공식적 절차이다. 이는 곧 시민교육의 중요한 방법이기도 하다.

서울학생 역량기준과 배움의 공간

서울시교육청은 2015년 서울학생 역량기준을 제시하고, 이를 「서울특별시 교육과정 편성·운영지침」에 담아 안내하였다. 다음 내용은 기관별, 교육과정별 핵심역량과 서울학생 역량기준을 비교한 것이다. 제시하

---

4. 아마도 2025~2030년 시점에서 교사들의 교육과정 자율성은 대폭 확대되어 있을 것이며, 학급과 학년을 초월하는 주제 단위 수업, 자유발행제에 따른 교재 선택, 교사별 절대평가가 이루어질 것이다.

는 기관이나 교육과정의 목표에 따라 정도의 차이는 있지만 역량은 크게 지식, 가치, 태도의 영역과 그 하위 요소들로 이루어진다. 서울학생 역량기준은 지성을 기르는 인지 역량, 감성과 건강을 키우는 사회·정서 역량, 인성 및 시민성을 함양하는 참여·자치 역량으로 이루어진다.

[표 2] 역량 비교표(서울시교육청, 2015)

2015 개정교육과정	OECD 핵심역량 (PISA, 2005)	세계시민교육 영역 (유네스코, 2015)	서울학생 역량기준 (서울시교육청, 2015)
지식정보처리 역량 창의융합사고 역량	도구적 활용 능력	인지적 영역	지성을 기르는 인지 역량
의사소통 역량 심미적 감성 역량	이질 집단에서 상호 교류 능력	사회·정서적 영역	감성과 건강을 키우는 사회·정서 역량
자기관리 역량 공동체적 역량	자율적 행동 능력	행동적 영역	인성 및 시민성을 함양하는 참여·자치 역량

지성을 기르는 인지 역량은 자유로운 상상력을 바탕으로 새로움을 추구하는 창의적 능력을 포함한다. 아이들이 자유로운 상상력을 발휘하기 위한 공간의 방식은, 기존의 획일적 교실 설계에서 벗어나 개방성, 유연성을 주는 것이어야 한다. 다양한 체험의 공간, 디지털 기반의 창작 교실을 지원해야 한다. 감성과 건강을 키우는 사회·정서 역량은 자신의 생각을 다양한 방법으로 표현하는 문화예술 능력과 신체활동을 통해 학습, 일, 놀이, 쉼을 포함하는 개념이다. 특히 이 영역은 공간의 혁신을 통해 지원할 수 있는 가능성의 폭이 넓다. 뮤지컬이나 연극을 연습하고 공연할 수 있는 공연장, 신체활동이 충분히 이루어질 수 있는 실내외 공간, 수공노작 활동을 통해 새로운 창작물을 생산하며 노동의 소중함을 느끼는 공방, 복도를 단순 통로가 아닌 생활 공간으로 만들어 놀이와 몸 활동을 즐길 수 있도록 고려해야 한다. 인성과 시민성을 함양하

는 참여·자치 역량은 생태, 평화, 인권에 대한 윤리의식을 바탕으로 현실 세계에 책임감 있게 참여하는 태도 등을 포함한다. 텃밭 가꾸기나 학교 농장 등은 실천적인 생태교육의 일환이기도 하다.

서울시교육청의 학교 공간 혁신

서울시교육청은 조희연 교육감 취임 이후 미래교육준비협의체 활동을 통한 '미래지향적 학교 공간'에 대한 담론화, '미래교육 상상톡' 과정에서 현장 교원들의 학교 공간에 대한 의견 수집, 신설 학교 건축 및 기존 학교의 리모델링 과정에서 미래지향적 공간 혁신의 방향을 유지해 왔다. 이를 위해 공간기획단의 운영, 미래 학교 시범 운영, 현장교원 중심의 공간 혁신 TF 활동, 공간자문관 및 MP(Master Planner) 운영 등 배움의 공간에 대한 혁신을 주요 정책으로 삼아 추진하였다. 이 과정에서 미래지향적 신축 학교 설계, 꿈을 담은 교실, 꾸미고 꿈꾸는 화장실 사업을 추진 중이고, 미래공방교실(메이커 교실) 운영에 대한 연차 계획을 밝혔다. 현재 서울시교육청 산하의 모든 신설 학교는 설계 전 요구 조사 단계에서 그 공간을 사용할 주체들의 의견을 반영하고 있으며, 기존 학교를 재구조화하는 과정에서도 해당 학교 교사는 물론 학생, 학부모의 다양한 의견을 수렴하여 적극 반영하고 있다. 이러한 공간 혁신 방안은 종합적 추진 전략인 '서울교육공간플랜'을 통해 이루어진다.

꿈을 담은 교실

꿈을 담은 교실은 학생들의 호기심을 끌어낼 수 있도록 교실 공간을 활용하는 방안을 모색하고 참여와 협력의 배움 중심 수업으로의 변화를 유도하는 교실 공간의 새로운 모델을 제시하기 위해 서울시교육청 산하 초등학교 20교를 대상으로 진행한 공간 혁신 프로젝트이다.

꿈을 담은 교실

학생들의 주된 생활 공간인 교실 리모델링을 통해 창의적이고 감성적인 공간으로 조성함으로써 미래교육을 지향하고, 미래 학교 변화를 주도하는 교실

꿈을 담은 교실의 설계와 시공 과정에서 준수한 원칙 중 하나는 '사용자 참여 디자인'의 적용이다. '어린이 디자인 동행'으로 불린 이 활동은 '학교에서 이루어지는 삶의 이야기'에 집중하여, 어린이를 필요에 따른 참여의 대상이 아닌 학교 삶을 가장 잘 알고 있는 동행의 대상으로 접근한다. 어린이 디자인 동행 방안으로 결합한 활동은 건축을 위한 통합교육의 일환으로 실시한 교과통합, 동행 가이드, 관찰을 통한 재능 발견, 디자인 동행 기회 확대 등이 있다. 학교 산책, 교실 상상 등의 활동 속에서 어린이와 건축가가 만나는 '안녕하세요', 학교에서 좋은 경험을 말하는 '놀다+이야기하다', 주제에 따라 교실 시도를 설계히 는 '이야기+디자인하다', 공간 그림책에 이야기를 담아내는 '상상하다', 공간을 표현하는 '디자인하다+만들다' 등의 단계가 있다. 교사들은 교육활동과 관련한 디자인 아이디어를 고민하고 제안한다. 창의적인 교실 출입문 디자

서울신가초등학교 꿈을 담은 교실. 학생들의 눈높이에 맞는 배움이 즐겁고 서로 다른 학생들이 교류하고 함께 어울릴 수 있는 교실 공간

서울면동초등학교. 교실과 복도 사이의 중간 벽을 허물어 학생들이 열린 분위기 속에서 자유롭게 개별 학습을 할 수 있는 오픈 공간

인을 비롯해 생활 공간으로서 복도, 채광 및 조명, 색채, 바닥, 수납 공간, 교사 공간 등 수업과 생활 측면에서 평소 느낀 점들을 나누고 이를 반영한다. 학부모와 회합을 통해 건축 소재, 교실 환기, 벽면 구성 등에 대한 의견을 제안한다.

사용자 참여 워크숍

사용자 참여 워크숍은 학생, 교사, 학부모 등 학교 구성원과 함께 요구 사항, 행태 분석, 역할 변화 등 학교 특성을 반영하여 어린이들의 주된 생활 공간인 교실의 리모델링을 통해 창의적, 감성적 공간을 조성하는 과정이다. 이 과정에서 건축가들은 아이들의 스케치에 담긴 교실의 행태, 쓰임새를 관찰하고 기록한다.

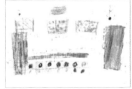

내가 좋아하는 교실 만들기

미래 학교로 탈바꿈한 도심의 노후 학교

창덕여자중학교는 '미래 학교'라는 개념으로 기존의 노후 시설을 리모델링하는 과정에서, 또 리모델링 후 사용 과정에서 학생들의 참여를 적극 고려하였다. 지어진 지 45년이 넘은 이 학교는 도심 공동화에 따라 학생 수가 줄어들던 곳이다. 2014년부터 미래 학교 구축 절차를 시작했고, 사용자 참여를 기반으로 2016년 리모델링을 완료했으며, 이후 교육 과정 운영에서 변화된 공간을 적극적으로 활용한 사례로 꼽힌다. 뮤지컬, 연극 등을 진행하는 소극장, 밴드, 국악 등을 연습하는 스튜디오, 다양한 장착물을 만들어 내는 공방(메이커 스페이스), 회의와 수업에 사용할 누리방 등을 갖추었다. 이 학교는 학습 공간은 실제 사용하는 사람들의 의견을 바탕으로 개선해야 한다는 원칙에 따라 모든 구성원을 대상으로 월요 열린회의, 수요회의, 미래 학교 공유회 등의 절차를 통해 사용자 참여 디자인 방식을 적극 도입하였다.

창덕여자중학교 누리방. 원격 교육이 가능하도록 연계 구축되어 전문화, 개별화 커뮤니티가 원활한 협력적인 미래형 학습 공간

탈권위적 업무 공간

아직도 교무실, 교장실, 중앙현관 등은 학생들이 긴장하는 공간이다. 공간 구성 자체가 학생들이 접근하기 어렵게 권위적으로 설계됐다. 따라서 학생들은 이 공간을 지날 때 주눅이 들고, 마음껏 자기표현을 하지 못한다. 상천초등학교는 이러한 점에 착안해 중앙현관, 교무실, 교장실을 완전한 개방형으로 탈바꿈시켰다. 어둡고 칙칙했던 중앙현관을 밝고 화사하게 바꾸어 구성원이 언제든 쉽게 접근할 수 있게 했으며, 교무실과 교장실은 벽을 통유리로 바꾸어 안을 들여다볼 수 있게 했다. 물론 교사들의 업무 공간을 개방하자고 하면 거부감을 느끼는 경우도 있겠지

서울상천초등학교 열린공간. 과거 학교의 폐쇄적인 중앙현관의 모습에서 탈피한 소통 가능한 공간, 학생들이 원했던 휴식 공간, 자연이 함께하는 공간

만, 이와 같은 학교들이 하나둘 늘어나게 되면 학교교육을 바라보는 인식을 바꿀 수 있다. 학교 공간에 학생들이 편안하게 머물면서 자유로운 상상을 극대화할 때 시민성도 자연스럽게 형성해 갈 수 있다. 이는 말로만 탈권위를 외치는 것이 아닌 실제 삶의 국면에서 권위를 내려놓고 적극적인 소통을 시도하는 공간의 사례이다.

꾸미고 꿈꾸는 화장실

'꾸미고 꿈꾸는 화장실'은 2015년부터 서울시교육청이 서울시와 함께 20개 상호협력사업 중 하나로 추진한 공간 개선 사업이다. 2015년 175개 학교에 이어 2016년 265개 학교에서 진행하고, 2017년 말까지 모두 638개 학교, 1,914동의 화장실을 리모델링하였고 지금도 진행 중인 사업이다. 기존 화장실의 어둡고 칙칙한 분위기를 밝게 바꾸고, 설계 과정에 학생들의 의견을 직접 반영하는 등 사용자 중심의 공간 혁신을 추진하였다. 특히 화장실 개선 디자인 TF 활동을 통해 학교 화장실의 실태를 파악하고 '내가 원하는 화장실'이라는 주제로 사례 조사를 하였으며, 공간 구상 및 디자인을 결정하는 과정을 거쳐 해당 학교 학생들의 맞춤형 화장실 공간으로 개선하였다.

꾸미고 꿈꾸는 화장실
학교 화장실에 색채와 디자인을 적용하여 교육 시설의 새로운 모델을 제시하고 구성원이 직접 설계에 참여하여 사용자의 눈높이에 맞는 화장실을 조성하는 사업

홍익대학교 사범대학 부속고등학교 화장실. 'Our Nature'를 주제로, '물 부족'이라는 디자인 콘셉트 적용

신현중학교 화장실. 소지품 비치 선반, 거울을 설치하여 편리성을 갖추고 쾌적하고 안정감있게 디자인

우리 학교 고운 색 입히기(삼성중학교). 성장기 청소년들의 꿈을 생성할 수 있는 공간으로 긍정의 색채를 적용하여 풍부한 감성을 키울 수 있도록 디자인

우리 학교 고운 색 입히기(효문고등학교). 자유롭고 따뜻한 색채로 꿈과 열정을 표현

우리 학교 고운 색 입히기

조성희[2010]는 학교 공간에서 색채의 역할에 대한 연구를 통해 학교 공간에서 색채 디자인이 갖는 의미를 의미전달매체, 환경, 배우는 곳, 느끼는 곳, 즐거운 곳으로 정리하면서 색채 계획의 궁극적 목적을 아이들이 느끼는 '즐거움'이라고 보았다. '우리 학교, 고운 색 입히기'는 서울시교육청이 2017년 3월, 서울시 '환경개선컬러컨설팅' 사업을 이관받아 다양한 색채전문기관과 업무협약을 통해 진행한 공간 디자인 정책이다. 이 사업은 기존 학교의 무분별한 색채 사용과 획일적 구성에 따른 도시 미관 저해와, 학생들에게 과대 또는 과소 자극의 원천으로 작용했던 학교 색채 디자인의 문제점을 개선하기 위해 추진되었다. 특히 이 사업은 학생과 교직원 등 사용자들이 직접 교육 공간 색채 디자인에 참여했다는 점에서 더욱 의미가 있다. 서울시교육청은 이러한 사용자 참여형 학교 공간 색채 디자인 프로세스 정립과 색채 자문을 위한 서울 교육 색채전문가 인력풀을 구성하여 운영하고 있다. 이 사업의 결과 서울시교육청은 20개교의 색채 디자인을 개선하였다.

미래지향적 공간 혁신

메이커 스페이스(미래공방교실)

상상하고, 만들고, 공유하는 서울형 메이커 교육(가칭 미래공방교육)은 무언가를 스스로 만들어 낼 수 있는 '메이커 괴짜'를 키우기 위한 새로운 교육 패러다임으로, 학생들이 스스로 상상하고 생각한 것을 디지털 기기와 다양한 도구를 사용해 직접 제작해 보고 그 과정에서 획득한 지식과 경험을 다른 사람과 공유하도록 이끄는 과정 중심의 프로젝트

교육이다.

메이커 스페이스

학교(기관)에 설치되는 창의적인 공간으로 학생(메이커)의 상상력, 창의성, 아이디어를 발굴하고, 이를 기반으로 실험·제작·창작 등을 할 수 있는 공간

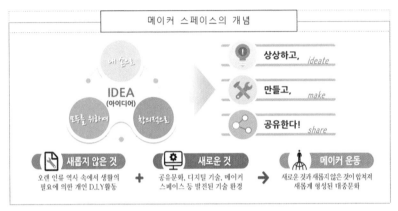

[그림 1] 서울형 메이커 스페이스의 개념

이 프로젝트를 통해 서울시교육청은 학생 참여 중심의 메이커 교육활동을 통한 창작·공유의 문화를 확산하고 초·중등학교에서 학생 스스로 창작활동에 참여함으로써 흥미·소질 계발 및 관련 분야의 직업 선택을 유도할 예정이다. 또한 메이커 스페이스를 활용한 협력적 문제해결 및 창작활동으로 제4차 산업혁명을 대비한 창의·융합형 인재 육성을 기대하고 있다.

꿈을 담은 놀이터

서울시교육청은 지난해 '아이들이 놀러 오는 학교놀이터 만들기 조성

방안'에 대한 정책연구와 함께 신현초등학교와 장월초등학교를 대상으로 '놀이터 만들기 시범 사업'을 추진하였다. 그 결과, 기존의 기구 중심 놀이터에서 벗어나, 아이들의 놀이 욕구를 반영한 새로운 개념의 학생 참여형 놀이터인 '꿈을 담은 놀이터' 제1호가 탄생하였다. 꿈을 담은 놀이터가 완성되기까지 학생들에게 만들고 싶은 놀이터를 디자인하게 하고, 제대로 만들어졌는지 놀아 보며 직접 감리하게 하는 등 전 과정에 학생들을 참여시켰다. 또한 유니세프한국위원회에서도 꿈을 담은 놀이터가 어린이의 의견을 담아 조성될 수 있도록 힘을 보탰다.

서울삼광초등학교 꿈을 담은 놀이터. 함께 어울릴 때 더 큰 의미가 발생하는 소통 기반 놀이터로 구성

휴식과 여백의 공간

학교는 학생들을 위한 배움의 공간이자, 교직원들에게는 하루 종일 근무해야 할 일터이다. 촘촘히 짜인 학교의 일상은 학교 구성원들에게 휴식과 여백을 허락하지 않는다. 휴식과 재충전을 통해 교육활동의 질을 제고하려면 이를 보장하는 공간이 필요하다. 녹천중학교의 소나방(소통과 나눔방), 신현중학교의 학생행복쉼터는 휴식과 여백을 보장하는 공간 재구조화의 사례이다.

학교 공간 혁신 방향

서울시교육청은 공간을 설계할 때, 학교의 신축 또는 리모델링 과정에서 따라야 할 미래지향적 공간 혁신 방향으로 각각의 건축이나 공간이 목적에 맞는 특별한 구조와 개념을 가지는 동시에 서울 교육이 추구하는 총체적 공간 전략 속에서 설계, 시공, 활용이 이뤄지는 유기적 계획을 수립하고 있다. 이를 달성하기 위해서 건축/시설/학교지원/안전/생태의 측면뿐만 아니라 교육과정/학생생활/학교혁신/민주시민교육/교육 불평등 해소/수공노작 등 학생의 전인적 발달을 촉진하는 차원에서 통합적 공간 혁신 컨트롤타워를 구상하고 있다. 아울러 신축 공간에 대해 장애 유무, 연령에 구애받지 않고 모든 이들이 편안하고 안전하게 사용할 수 있는 유니버설 디자인을 적용하고 있다.

유니버설 디자인
장애의 유무나 연령 등에 관계없이 모든 사람들이 제품, 건축, 환경, 서비스 등을 좀 더 편하고 안전하게 이용할 수 있도록 설계하는 것으로, 미국의 로널드 메이스가 처음 주장하였다. '모두를 위한 설계(Design for All)'라고도 한다.

다음은 서울 교육 공간 혁신 방향 적용을 위한 예시이다. K초중학교는 서울형 초중통합학교를 지향한다. 단순한 공간의 통합을 넘어 교육과정과 학교생활의 통합을 꾀하는 북유럽의 종합학교에 가까운 모델을 구상하고 있다. S중학교는 재정비촉진지구 공간을 활용해 지역의 균형발전을 염두에 두고 추진하고 있다. K고등학교는 설계공모 단계부터 마을과의 결합을 주요 콘셉트로 추진하였다. 마을 쪽에서는 개방감을, 학교 구성원들에게는 독립감을 구현하는 설계를 구현하였다. S, N학교 등은 지역친화형 특수학교로 지역 주민이 함께 사용할 수 있는 공용 공간을 포함한다. 교육청 신청사는 주변 환경과 어울리도록 공용 공간을 할애하고 있으며 공연장, 갤러리, 서점, 카페 등을 포함해 학생과 교원, 시민의 교양 증진 및 휴식과 만남의 장소로 설계하였다.

서울 교육 공간 혁신 방향 적용 예시
- K초중학교-서울형 초중통합학교 지향
- S중학교-지역균형발전형 학교(재정비촉진지구 공간 활용)
- K고등학교-서울형 마을결합학교 구축
- S, N학교 등-지역친화형 특수학교(랜드마크형 특수학교 벨트 구상)
- C여중 등-서울형 리스쿨링(단순 개보수가 아닌 교육과정 결합형 재구조화)
- 꿈을 담은 교실/ 꾸미고 꿈꾸는 화장실/우리 학교 고운 색 입히기/꿈을 담은 놀이터-서울 교육의 특색을 살리고 사용자 참여 디자인 결합
- 교육시민청-미래지향적 교육 플랫폼 지향 신청사 건립
- 서울미래교육 문화복합공간 등-이전 적지 활용

대치중학교 도서관. 독서, 교과 수업, 독서캠프, 인문학 콘서트 등 다양한 프로그램이 이루어지는 통합 공간으로 다양한 공간 연출 가능

미래지향적 교육 공간을 위한 제언

2020년 봄, 전 세계를 공포와 혼란 속에 몰아넣었던 코로나19 감염병 사태는 배움의 공간을 상상함에 있어 단순한 '미래지향성'을 넘어설 것을 요구하고 있다. 그것은 학습의 효과를 높이고 즐거운 생활 공간이 되어야 한다는 학교의 기능적 요구는 물론이고, 언제 닥칠지 모르는 위험 요소로부터 학생과 교직원의 생명과 안전을 보호해야 한다는 새로운 필요조건이 발생한 점이다. 학교는 기본적으로 밀집형 공간이다. 그러므로 필요에 따라 이를 해소하고 '생활 속 거리 두기' 상황 아래서 학습이 이뤄질 수 있도록 하는 공간 설계가 필요하다. 과밀 학급을 해소하여 교실 내 공간을 확보하고, 수업과 급식 및 모든 학교 활동에서 시공간적 설계를 고민해야 한다.

사회적 공론화와 전담 기구 설치

새 정부 교육정책은 위험하고 낡은 학교를 안전하고 쾌적한 학교로 바꾸겠다는 목표 아래 40년 된 노후 학교 시설 개선을 위한 국가 차원의 계획을 수립하고, 이를 위해 학교건물 안전평가제도 전담 기관 및 전담 인력 확보를 통해 진단에서부터 후속 조치까지 종합적인 대책 마련을 제시하고 있다. 교육 공간에 대한 새 정부 교육정책은 총체적이며 미래지향적인 사고가 현저하게 부족하다. 앞서 언급한 바, 서울시교육청은 2016년 서울미래교육준비협의체 활동 및 교육감의 교육혁신 제안을 통해 '안전하고 미래지향적인 학교 공간 구축'을 주요한 국가수준의 미래 교육 의제로 제안한 바 있다. 이와 같은 교육 공간의 전략적 과제들을 추진하기 위해 교육부, 시도교육감협의회에서는 '미래지향적 학교 공간'

문제를 사회적 의제로 채택하고 이를 전담할 전문가 집단을 구성할 것을 제안하고 있다. '(가칭)미래지향적 학교공간위원회'는 학교 공간 혁신의 중장기적 로드맵을 마련하고 사회적 담론 형성과 의견 수합의 창구 역할을 담당할 수 있을 것이다.

신설 학교를 위한 미래형 학교 설계 제안

지금 건축하는 신설 학교는 앞으로 최소 50년 이상의 수명을 갖는다. 미래지향적 설계가 충분하게 이뤄지지 않고 기존의 학교 건축 문법을 답습했을 경우 몇 년 가지 않아 불편한 시설이 될 수도 있다. 미래 학교는 기존의 학급을 기준으로 하는 설계를 넘어 통합학습, 주제학습이 이루어지는 공간을 새롭게 포함해야 한다. 또한 일자형 복도, 사각형의 교실 등 획일적 건축을 지양하고 학교와 지역의 특성을 반영하는 다양한 설계를 보장해야 하며, 학교 농장 및 생태 실습지 설치와 태양광 에너지 등 친환경 에너지 공급 시설을 갖추어야 한다. 학교의 전 구역에서 네트워크 접속이 가능하도록 초고속 AP를 설치하고, 언제 어디서나 모든 구성원이 능동적으로 학습에 접근할 수 있는 유비쿼터스 환경을 구성해야 한다. 아울러 학교가 지역의 교육 거점, 평생학습기관으로 자리 잡을 수 있도록 개방적이고 유연한 공간을 마련해야 한다.

기존 학교 재구조화

기존 학교의 재구조화를 위해 교사, 학생, 학부모 등 학교 구성원이 참여하는 '(가칭)학교공간재구성위원회'를 구성하고 미래 사회의 변화와 구성원의 요구를 결합하여 재구조화 방안을 마련한다. 교실 내부의 재구조화뿐만 아니라 교실과 복도를 터서 학습과 놀이가 동시에 이루어지

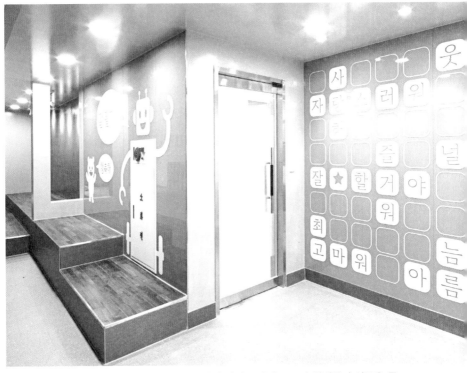

서울마포초등학교 화장실 입구. 학교 폭력에 대한 인식을 바꿔 보고자 학생들의 설문을 통해 힘이 되는 말, 고운 말을 선정하였고, 화장실을 바른 말 고운 말을 나누는 공간인 '고운 말 상자' 콘셉트로 디자인

도록 하며 기존의 과학실, 기술실 등을 개조하여 메이커 스페이스로 전환한다. 기존의 컴퓨터실은 유무선 통합 학습환경으로 전환하고, 3D 프린터, 로봇 시연 등이 가능하도록 U-Class 환경으로 개조해 나간다. 서울시교육청에서 공간 혁신 전략으로 채택한 꿈을 담은 교실, 꾸미고 꿈꾸는 화장실, 우리 학교 고운 색 입히기, 서울형 메이커 스페이스, 미래나눔터 등은 기존 학교를 리모델링하여 미래지향적으로 탈바꿈시키고 있는 사례이다.

쟁점 및 제언

첫째로, 배움의 공간을 미래지향적으로 혁신할 때 장애가 되는 제도와 관행의 문제가 있다. 학교 신축 및 재구조화와 관련한 법률, 시행령, 조례 등을 검토하여 학교설립기준을 최소화하는 등 미래지향적 학교가 설계되고 건축될 수 있는 토대를 마련한다. 현재 교육청의 학교 건축, 관리, 시설 관련 위원회로는 공유재산심의회, 계약심의위원회, 기술자문위원회, 학교시설물안전관리위원회, 재난위험시설심의위원회, 개축심의위원회, 교육시설정책자문위원회 등이 있다. 이 중 교육시설정책자문위원회의 역할은 교육 시설 관련 정책 자문 및 전문가 의견 수렴으로 되어 있다. 이 위원회를 확대, 재편성하든지 혹은 신설 위원회를 설치하여 학교 공간에 대한 미래지향적인 중장기 전략과 로드맵을 수립해야 한다.

둘째로는 학교 건축을 위한 재정 확충의 문제가 있다. 1990년대 도입된 '표준건축비' 개념은 다양한 형태의 학교 건축을 상상하는 데 가장 큰 장애이다. 표준건축비를 상향 조정하거나 교육재정 투입의 우선순위를 조정하여 학교의 신축 및 재구조화를 위한 지방교육재정교부금을 대폭 확충해야 한다. 배움의 공간에 대한 투자는 현재를 위한 기반 시설일 뿐 아니라 미래를 위한 공공재가 될 수 있다.^{나은중 외, 2017}

셋째로는 사회적 인식 제고의 문제이다. 학교가 사회 변화를 따라가지 못한다는 지적은 그동안 꾸준히 있었다. 특히 인프라 측면에서 학교는 학생들의 만족스러운 생활을 돕지 못하고 있다. 이로 인해 학교를 불편하다고 느끼는 학생들, 다른 배움의 방법을 찾아 이탈하는 학생들이 증가하고 있다. 학교가 단순히 낮 시간 동안 학생들을 맡아 안전하게 관리하는 곳이라는 인식에서 벗어나 학습의 즐거움과 성장의 기쁨을 누리는 곳이기 위해서는 공간 개선에 대한 획기적 인식 전환이 필요하다. 인식 전환의 대전제는 '학교 건축물은 말을 걸어오는 형상'이라는 생각송순재, 2005과 '사람과 공간이 만나 학습이 일어난다'CELE, 2010; 신나민·박종향, 2011 재인용는 상상을 공유하는 것이다. 이는 학교 공간을 단순한 시설물로 바라보는 것을 넘어 학생들의 미래역량을 함양하는 곳이자, 자유로운 상상력의 토대가 되는 삶의 공간으로 사회적 인식을 전환하는 것을 의미한다.

마지막으로 교육 공간 관련 사업은 충분한 여유를 가져야 한다. 동원할 수 있는 자원, 예산, 전문가 인력풀은 한정돼 있는데 전국적으로 일시에 사업을 진행하면 필연적으로 부실이 뒤따른다. 공간의 주인이 공간을 설계한다는 원칙에 따라 배움의 공간을 혁신하기 위한 구성원들의 의견을 듣고 반영하되, 시행에 앞서서는 충분한 기간을 확보해야 한다.

서울교육공간의 미래를 위한
일곱 개의 실천 전략
7 Strategies for the Future of Seoul Education Space

김승회(서울대학교 건축학과 교수)

　학교의 공간은 그 자체로 하나의 교과서이다. 학교 공간에는 '배움이 전수되는 형식'이 그대로 담겨 있다. 교사가 앞에 있고 줄을 맞추어 학생들이 앉아 있다면 강의식 교육이 이루어지는 것이고, 교사와 학생이 둥글게 앉아 있다면 함께 토론을 하는 수업일 것이다. 학교의 공간에는 학생들의 '생활방식'도 담겨 있다. 운동장과 체육관, 도서관과 동아리실, 교실에서 학생들의 놀이와 운동, 독서와 취미, 개인의 생활을 읽을 수 있다. 학생들은 교육 공간을 경험하는 과정을 통해 지식이 전수되는 형식, 생활을 영위하는 방식, 그리고 그 공간이 내포하는 문화적 취향을 익히게 된다.

　학교 공간은 교육의 장으로, 생활의 공간으로 잘 작동하고 있을까? 학생들의 텍스트인 학교 공간의 완성도 수준은 어느 정도일까? 학교 공간에 대해 문제를 지적하는 전문가들이 많다. 전문가뿐만이 아니라 학생과 교사, 학부모도 저마다 학교 공간에 대한 불만을 토로한다. 그러나 문제 지적과 민원 접수만으로 미래가 준비되지는 않는다. 대개 그런 방식의 논의는 비전을 품고 있지 못할 뿐 아니라, 계통이 없기 때문에 지속가능한 해답을 만들지 못해 소위 '땜질식 처방'으로 마무리되기 때문이다. 우리나라 학교의 대부분은 일제 강점기와 산업화 시대에 급조되었고, 그 뒤로는 땜질식으로 보수하고 증축하는 형식으로 진화되어 왔다. 신축 학교들은 교육에 대한 '비전'과 학교 운영에 대한 밑그림 없이 지어졌기 때문에, 그곳에 배정받은 교사와 학생들은 그 공간에 억지로 맞추어 지내게 된다.

학생과 교사의 눈높이를 따라가지 못하는 교육 공간에 대해 근본적인 변화를 요구하는 시점에, 필자는 서울시교육청의 요청으로 2015년 12월 교육감과 간부들에게 '서울교육공간'의 미래를 위한 실천 전략을 발표했다. 이후 '건축자문관'으로 임명되어 서울교육공간을 구축하는 기회를 갖게 되었다. 여러 건축가와 담당 공무원들의 헌신에 힘입어 꿈담교실, 꿈담학교, 창의인성센터와 같은 결실을 거두었다. 하지만 발목을 잡는 법규와 지침, 최소 기준에도 못 미치는 예산 등 여전히 어려운 상황이 남겨져 있는 것도 사실이다.

이런 시점에 시작점과 중간지점인 현재 사이의 흐름을 짚어 보는 것이 유익할 것이라 생각한다. 2015년 제시되었던 서울교육공간의 미래를 위한 일곱 가지 프레임(실천 전략)의 주제와 내용을 살펴보는 작업을 통해 그간의 성과와 문제를 살펴볼 수 있을 것이다. 일곱 가지의 실천 전략은 2018년 9월 공표된 '서울교육공간플랜'에 고스란히 녹아 있다. '서울교육공간플랜'은 지난 3년의 논의와 경험이 집약된 공간정책으로 앞으로 서울교육공간의 실행에 적용된다.

비전과 전망 수립하기

첫 번째 프레임은 서울교육공간에 대한 질문, 그리고 그에 대한 논의와 합의 과정을 포함한다. '서울교육공간의 비전은 무엇인가', '서울교육공간을 실행하는 주체는 누구인가' 등의 질문을 제기하고, 그것에 대해 토론하며 콘센서스(Consensus, 사회 구성원의 이해, 합의)를 만들어 가는 과정이다. 이러한 질문과 토론은 일회적으로 이루어진 것이 아니라 서울교육공간 수립의 모든 과정에서 지속적으로 수행되었다. 서울교육공간 비전의 수립은 교육 전문가 집단과의 워크숍, 토론회, 교사와 학생과 시민이 참여하는 공청회 등을 통해 다층적으로 이루어졌다. 이렇게 도출된 비전과 목표는 서울교육공간의 모든 지침과 프로젝트에 담겨 있다. 앞으로의 과제는 지난한 과정을 통해 도출된 교육 공간에 대한 비전을 구성원들과 관계자들이 적극적으로 공유하는 것이다. 비전을 공유해야 구체적인 실행 과제들이 서로 연계되고 지속되기 때문이다.

[그림 1] 교실 현황 분석/관계 변화

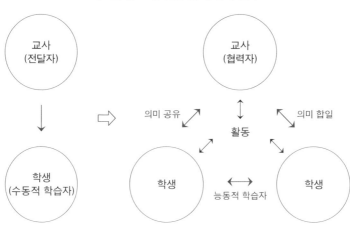

현황 파악 및 사례 연구

두 번째 실천 전략은 서울교육공간플랜 수립을 위해 현재의 상황과 조건을 이해하기 위한 것이다. 현재 교육 공간의 실행은 어떠한 제도와 시스템에 의해 진행되고 있는지, 그리고 현재 진행되고 있는 계획과 프로젝트의 문제점은 무엇인지 진단한다. 교실의 구성부터 시작해서 학교의 배치와 경관이 어떻게 지금의 모습을 갖게 되었는지 그 실행 메커니즘을 이해함으로써 서울교육공간의 현재를 짚어 보는 과정이다. 또한 현재 서울교육공간이 지닌 정체성은 어떻게 규정되고 있는지를 파악한다. 이러한 진단과 분석은 교육환경을 이루는 물리적인 조건뿐 아니라 서울교육공간의 역사와 문화에 대한 탐구를 포함한다.

서울교육공간의 현재에 대한 진단은 백서의 형식으로 출간하는 것이 바람직하지만, 별도의 백서 발간이 어려웠기 때문에 '서울교육공간플랜'의 일부로 만들어졌다. 공간을 만들어 내는 과정과 제도에 대한 문제 제기를 통해, 새로운 시스템을 만들기 위한 '서울교육공간플랜'이 완성될 수 있었다.

또한 교육 공간 문제의 발원지를 추적할 수 있었다. 교육청이 해결해야 하는 문제, 교육부와 연관된 문제, 기획재정부의 예산 배정과 일정에 관한 문제 등 문제의 발원지에 대한 확인을 통해 해결 방법을 모색할 수 있었다. 이 과정에서, 정부가 예산을 편성할 때 학교의 공사비를 공공건물의 공사비 중 가장 낮게 책정한다는 문제를 알려 언론의 주목을 받았다. 이러한 정확한 현실 진단을 바탕으로 한 문제 제기를 통해 더 나은 교육 공간의 여건이 만들어지리라 믿는다.

정보 전달의 교육 방법. 선생님이 정보를 전달하면 학생이 전달된 정보를 습득하는 교육 방법에 최적화된 교실 레이아웃.

안성맞춤 교육과정. 학생이 적극적인 활동의 주체가 되어, 놀이를 통해 자연스러운 배움을 얻는 교육 방법. 학생 간의 상호작용, 선생님과의 상호작용이 다방면으로 이루어지는 관계가 곧 교실 레이아웃이어야 한다.

원칙과 가이드라인 설정

서울 교육의 비전을 바탕으로 교육 공간의 계획 원칙이 만들어져야 한다. 계획의 원칙을 구성원들이 공유할 때, 구성원들은 정확하게 판단하고 실천할 수 있다. 교육 공간에 소위 땜질식 처방을 할 수밖에 없었던 것도 교육 공간에 대한 계획 방향이 공유되지 않았기 때문이다. 비전과 원칙을 공유해 프로젝트가 진행될 때, 사회적 비용을 최소화할 수 있다.

교육 공간은 공통된 시설이 많다. 교실, 가구, 특별교실, 도서실 등 여러 시설에 대한 디자인 가이드라인을 제공하는 것도 공간의 질을 높이고 비용을 절약하는 데 도움이 된다. 개별 학교는 시설을 계획하고 지침을 만들 수 있는 역량이 없다. 따라서 잘 만들어진 가이드라인과 체크리스트가 구비된다면 많은 시행착오를 줄일 수 있다. '꿈담교실'의 조성에서 디자인 가이드라인은 시행착오를 줄이고 더 나은 공간을 만드는 데 큰 역할을 했다.

서울교육공간을 무조건 헐고 다시 짓기보다는, 그 공간에 깃든 시간을 존중해서 잘 고치고, 필요에 따라 잘 활용되도록 계획해야 한다. 그러기 위해서는 치밀하게 만들어진 개보수 계획 수립이 필요하다. 지금 계획 중인 학교는 미래에는 역사가 될 것이다. 그러므로 오래도록 지속 가능한 방식으로 설계되어야 한다. 올해 만들어진 학교가 서기 2219년에는 200년 전에 만들어진 유서 깊은 학교가 될 것이기 때문이다.

실행체계

　서울교육공간플랜의 핵심은 실행체계이다. 서울교육공간을 이끌어 가
는 주체에 관한 것이기 때문이다. 좋은 기획이 있더라도 그것을 실천하
는 실행체계가 잘 갖추어지지 않으면 결국 실패한 결과를 만든다.

　발주 방식의 변화는 서울교육공간의 변화를 이끌었다. 전자입찰을 통
해 발주하던 것을 현상설계 방식으로 전환했다. 존경받는 건축가들을
대거 심사위원으로 초빙했다. 공정한 현상설계가 진행된다는 것이 확인
되자 뛰어난 건축가들의 참여가 대폭 늘었다. 한편, 수의계약으로 발주
할 수 있는 프로젝트는 재능 있는 건축가에게 부탁했다. 적은 용역비이
지만, 발탁된 건축가들은 최선을 다해 좋은 작업을 해 주었다.

　실행체계에서 중요한 변화는 '프로젝트 건축가(PA 또는 MA)'의 초빙
이다. 중요한 프로젝트를 위해 기획부터 현상설계, 준공에 이르는 전 과
정을 주관하는 건축가를 지명했다. 마을학교, 창의인성센터, 교육청 신
축, 꿈담교실 등의 프로젝트는 이를 주관하는 건축가들이 권한을 갖고
일을 추진해 일정 수준 이상의 결과로 만들어질 수 있었다. 일부 현장
공무원의 인식 부족으로 프로젝트 건축가와 원만한 체계를 만들지 못
한 경우도 간혹 있었지만, 성공한 케이스들이 모범이 되어 프로젝트 건
축가 제도가 정착할 수 있었다.

　실행체계의 운영에서 중요한 시도 중 하나는 '사용자 참여'이다. 꿈담
교실 등 교육 공간 설계 과정에서 교사와 학생의 의견을 수렴해 좋은
반응을 얻었다. 결과도 좋았지만 그 과정이 매우 교육적이었기 때문에
공간을 만드는 과정이 교육으로 승화될 수 있었다. 교실에 낙서를 하던
아이들이 자신이 설계에 참여한 교실의 먼지를 스스로 닦는 아이로 변

했다. 사용자 참여에서 주의해야 할 것은 교사나 학생의 의견은 참고해야 하지만 그것이 설계 지침이 되어서는 곤란하다는 것이다. 그들은 잠시 그 공간을 사용하는 이들이므로, 건축가가 판단하여 그 공간이 지속 가능한 공간이 되도록 보편적인 질서를 부여해야 한다.

공공건축의 성공 여부는 실행체계의 확립에 있다. 실행체계는 발주체계, 실행조직, 관련 법규를 포함한다. 전자입찰 대신 현상설계와 수의계약 제도, 프로젝트 건축가 제도가 도입되었지만, 여전히 고질적인 문제가 남아 있다. 설계비가 적고 비합리적인 심의와 인증 과정이 많은 것 등 우리나라 모든 공공 설계 발주제도의 문제로 지적되는 것들이다. 특히 강조하고 싶은 문제는 프로젝트 처음의 '기획'이 어설프고, 끝의 '마무리'가 부실하다는 것이다. 프로젝트 초반부에 충분한 예산과 시간을

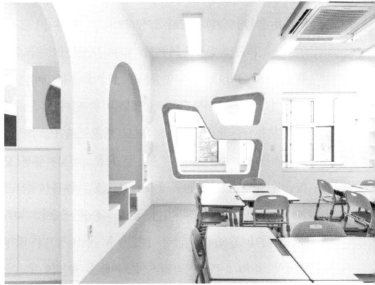

입체적으로 나누어 쓴 교실 공간. 서울상월초등학교

투입해 더욱 완벽한 기획안을 수립하는 것이 중요하다. 그리고 성공적인 마무리를 위해서 건축가가 시공 과정에 권한을 갖고 참여하고, 설계 의도가 완전히 구현되도록 공공에서 최선을 다해 도와주어야 한다.

과제 설정과 프로젝트 제안

실행체계가 수립되고, 서울교육공간의 현재에 대한 진단이 이루어진다면 그다음 단계로 구체적인 과제를 수행할 수 있다. 서울교육공간의 과제는 교사 신축에서 시작해 책상 디자인까지 실로 다양한 영역을 포함한다. 각각의 영역은 독립적이기보다는 서로 밀접한 관계를 맺고 있다. 책상은 교실과 관계가 있고, 교실은 학교의 전체 구성과 관계가 있다.

서울교육공간플랜의 실천은 이와 같이 여러 분야를 통합할 수 있는 과제를 통해 토털 디자인의 개념으로 이루어져야 한다. 이를 통해 각각의 분야는 고립된 섬이 아니라 네트워크화된 작용점으로 서울교육공간에 참여할 수 있을 것이다.

서울교육공간의 통합된 실천 과제의 활용 방안을 고려하는 것 또한 중요하다. 서울교육공간의 성과를 잘 정리한다면, 국내외의 교육 관계자들에게 좋은 자료가 될 것이다. 서울시교육청의 꿈담교실 가이드라인과 성과품이 다른 교육청과 공유되고 있다. 참여했던 건축가들이 자발적으로 설계도면의 저작권을 풀고 오픈소스로 개방해 다른 교육청에 제공하고 있다. 지방 교육청의 경우에 원하는 수준의 건축가를 섭외하기가 어렵기 때문이다. 또한 이러한 자료는 국제적으로 제공되고 활용될 수 있으리라 기대한다. 서울교육공간에 참여한 모든 분들의 노력과 성취가 서

꿈을 담은 교실 준공 전. 서울방현초등학교

꿈을 담은 교실 준공 후. 서울방현초학교

서울송정초등학교 꿈을 담은 교실. 놀이와 학습이 함께 이루어지는 공간

울을 넘어서 더 넓게 확산되기를 바란다.

파일럿 프로젝트의 실행

서울교육공간 진행에서 파일럿 프로젝트는 중요한 역할을 한다. 정책을 수립하는 과정에서 파일럿 프로젝트를 먼저 수행하면서 실행체계 등을 비롯한 문제점과 향후 해결해야 할 과제를 도출할 수 있기 때문이다. 파일럿 프로젝트는 선도 프로젝트로서 토털 디자인이 가능한 것이 바람직하다. 교실, 가구, 조경, 디자인 등 다층적인 실행을 통해 설계 지침, 발주 방식, 시공, 가구, 조경 등 여러 부문에 대한 문제점을 발견할 수 있을 것이다.

단 하나의 프로젝트라도 성공적인 사례를 만드는 것이 무엇보다 중요하다. 이를 위해서는 사전 기획이 정밀하게 준비되어야 한다. 또한 전체 프로젝트를 이끌어 갈 프로젝트 건축가를 지명하고, 건축가에게 힘을 실어 주어야 한다. 프로젝트 건축가의 기획으로 제대로 된 지침서가 만들어지고, 훌륭한 건축가와 디자이너를 선정해 완공 때까지 감독할 수 있는 여건 조성이 필수적이다.

2017년 꿈담교실 파일럿 프로젝트의 성공은 프로젝트 진행을 맡았던 건축가의 헌신적인 노력에 크게 힘입었다. 꿈담교실 파일럿 프로젝트의 성공은 교육부의 대대적인 예산 증액을 거쳐 전국적으로 꿈담교실이 확산되는 계기를 마련했다. 이 사례를 통해 파일럿 프로젝트의 실행에서 충실한 기획과 프로젝트 건축가 지명이 얼마나 중요한지 확인할 수 있었다.

향후 과제의 재설정

서울교육공간의 실천 전략으로 제안된 '서울교육공간플랜'의 수립은 서울시교육청이 역점 사업으로 추진한 일이다. '서울교육공간플랜'이 일회적인 사건으로 그쳐서는 안 될 것이다. 업데이트되고, 지속적으로 발전하는 플랜이 되기를 기대한다.

이에 제시된 과제들을 실행하고, 그 결과를 검증해야 한다. 그리고 구성원들이 동의하는 과정을 통해 과제의 목표와 실천 방식을 수정하고 서울교육공간플랜을 더욱 훌륭하게 진화시켜 나갈 수 있는 체계의 수립이 요청된다.

한편 공모전과 전시회, 심포지엄 등의 개최를 통해 획기적인 교육 공

서울성수초등학교 꿈을 담은 교실. 놀이와 배움의 사이를 자유롭게 넘나들 수 있는 창의적·감성적인 공간

간의 개념을 소개하고 발전시키는 계기를 만드는 것을 제안한다. 서울교육공간이 화제를 낳고 이슈를 생산하여 관심을 받아야 더욱 발전할 수 있는 계기가 만들어질 수 있기 때문이다.

서울교육공간 성공의 열쇠

서울교육공간의 실천을 위한 일곱 가지 전략의 틀을 살펴보았다. 일곱 가지 전략의 틀은 독립적이면서도 서로 의존적이다. 실천 전략은 공간만큼이나 입체적으로 짜이는 것이 중요하다.

서울교육공간에 관여한 2년 동안 여러 뛰어난 건축가들의 열정과 헌신적인 공무원들의 노력에 크게 감동했다. 서울교육공간이 조금이라도 나아진 근본적인 이유는 좋은 분들이 많이 참여했기 때문이다. 결국 모든 일은 사람이 하는 일이라, '좋은 분들을 모시는 것'이 성공의 열쇠이다.

서울형 학교 공간 혁신, 미래교육을 담다

함께 놀고, 같이 만들며 소통과 협력을 배우는 창의·감성적인 학교 공간

구자옥(서울특별시교육청 교육시설안전과 사무관)

꿈을 담은 교실!

밝고 활기차며 호기심이 가득한, 듣는 것만으로도 가슴이 설레는 말이다.

서울특별시교육청은 2017년부터 '꿈을 담은 교실'을 시작으로 '학교공간혁신사업'을 본격적으로 추진하고 있다.

'과연 학생들의 꿈을 담을 수 있는 행복한 학교는 어떤 모습일까?'

서울시교육청의 학교공간혁신사업은 시대의 변화에 따라 교수·학습과 교육과정 운영에서 다양한 새로운 시도와 변화가 있었음에도 대부분의 학교가 여전히 1960~1970년대의 정형화된 교실 모습과 다르지 않은 현실에 대한 문제 제기에서 시작되었다.

이렇게 시작된 서울특별시교육청의 '꿈을 담은 교실'은 다양한 학교생활을 영위할 수 있는 학교 공간을 창출해 학생들의 개성과 창의성을 높이고, 학교 시설에 대한 이미지가 향상되었으며, 도시 미관과 조화를 이루어 간다는 평을 들으면서 학생, 학부모, 시민, 건축계, 언론방송 등 각계각층의 큰 호응을 얻었다. 2019년부터는 교육부 국책사업으로 선정되어 전국의 학교로 확대되는 반향을 일으켰다.

학교 건축 변화의 서막: 꿈을 담은 교실

요지부동의 교실 풍경을 흔들다

1960~1970년대 지어진 교실에 그때와 비슷한 형태로 2017년에 입학한 1학년 아이들이 앉아 있는 것을 떠올려 보자. 불행하게도 상상이 아닌 현실이다. 단지 조금 깨끗하고 최신 집기 시설이 있다는 점을 빼면 말이다. 사실 학교의 건축에서 표준설계도가 폐지된 지 20년이 넘었지만, 여전히 대부분의 학교는 획일화된 단위교실, 크기, 연령별 형태의 특수성이 전혀 고려되지 않은 교실 형태, 편복도 형의 평면을 가지고 있다.

글: 박세미, 사진: 이범준, 자료 제공: 서울특별시교육청, 월간 공간(2018년 1월호)

서울삼성초등학교. 각각의 놀이 공간의 테마로 학생들의 상상을 적용하여 새둥지, 잔디, 무지개, 시냇물의 콘셉트로 다양한 즐거움을 주고자 하였다.

서울상원초등학교. 특성 없이 하나의 큰 공간으로 만들어진 교실을 학생들의 맞춤형 공간들로 나누어서 사용할 방법을 제안하고 있다. 공간을 더욱더 넓고 효율적으로 사용할 수 있다는 사실을 발견하게 될 것이다.

'꿈을 담은 교실'은 놀이하듯 공부하는 교육환경 조성을 목표로 아이들의 정서적 균형과 안정을 보장하고, 성장과 발달을 도모하여, 심리적 만족감과 즐거움을 주며, 편리하고 건강한 생활을 보장하고 위험 요소는 배제한 디자인을 원칙으로 하고 있다.

서울시교육청은 '꿈을 담은 교실'에 대한 학생들의 만족감이 높게 나타나면서 최근에는 공간 개선과 관련된 사업 영역을 더욱 확대해 학생들의 창의성과 융합적 사고를 키워 주는 다양한 공간 설계 및 배치, 함께 어울리면서 쉼과 교류가 가능한 휴게 공간 조성, 학생이 참여하는 수요자 맞춤형 공간 설계, 복합화를 통한 지역사회 연계 및 개방 등 다양한 사업들을 추진하고 있다.

'꿈을 담은 교실'을 포함한 일련의 「학교 공간 재구조화」 사업은 최근 서울특별시교육청의 많은 정책 가운데 가장 의미 있고 앞서가는 정책 중 하나라고 평가되고 있다.

서울형 학교공간혁신사업이 가고자 하는 길

서울특별시교육청 조희연 교육감은 2018년 7월부터 시작된 두 번째 임기의 서울 교육의 방향성으로 '새롭고 다양한 교육'을 지향하고 있음을 아래와 같이 명확히 제시하였다.

교육은 하나의 정답을 가르치는 것이 아닙니다. 아이들의 발랄한 상상력을 풍부하게 키우는 것, 이것이 서울 교육이 가고자 하는 길입니다.

이러한 정책 방향에 따라 서울형 학교공간혁신사업의 추진 방향도 학생, 학부모, 교원 등이 참여한 사용자 참여 디자인을 통해 학생 스스로 경험의 가치와 공간의 활기를 더해 줄 학교 공간의 다양한 변화를 시도하는 방향으로 추진되고 있다.

학교 공간 혁신의 필요성

왜 학교 공간 혁신이 필요한가

새로운 사회적 관계가 새로운 공간을 요구하고 새로운 공간이 새로운 사회적 관계를 낳는다. –앙리 르페브르, 『공간의 생산』에서

학생들의 일상적인 활동인 공부와 놀이뿐만 아니라 이러한 활동을 통해 또래가 연결되는 사회적 교류 역시 학교 공간에서 이루어진다. 따라서 가르침과 배움도 중요하지만 학교 공간은 긍정적인 교육환경 조성을 통해 가르치지 않아도 배움이 일어나는 장소가 되어야 한다.

또한 학생들은 어떤 공간이나 장소에 대해 상징적으로 이러저러한 의미를 부여하는 경우가 많다. 나만이 알고 있는 비밀의 장소라든가 조상의 넋이 살아 있는 선산, 독립선언의 기억이 아로새겨진 성소, 젊음의 거리, 말없이 머물러 생각에 잠겼던 장소 등은 단순한 물리적 공간이 아니라 의미를 부여하여 새롭게 탄생한 공간의 예라고 할 수 있다. 그러나 안타깝게도 지금과 같은 표준화된 학교 공간은 또래가 교류하기 어렵고 자기만의 새로운 의미도 부여할 수 없는 그야말로 단절되고 삭막한 공

간이라고 할 수 있다.

서울형 학교공간혁신사업

사업명	학교
학교 공간 재구조화(꿈을 담은 교실 포함 9개 영역)	289교
우리 학교 고운 색 입히기	206교
꾸미고 꿈꾸는 학교 화장실	434교
꿈을 담은 놀이터	101교
꿈을 담은 학습카페	172교
디자인 중심 설계공모	100교
합계	1,302교

사업 기간: 2017년~2020년, 2020년 사업은 진행 중 임. 자료 출처: 서울특별시교육청

서울하늘숲초등학교. 학교 안의 아지트, 이동 통로로 활용되는 솔빛길, 계단에 기대서 책을 보거나 미끄럼틀 놀이, 친구와 이야기를 하거나 연주와 연극 등을 하는 '작은 무대'로도 꾸밀 수 있는 공간으로 활용할 수 있다.

학교 공간이 어떤 방향으로 혁신되어야 하는가

학교 공간은 학습만을 위한 장소가 아니라 또래들과 생활하고 사회적 교류를 통해 성장할 수 있는 공간이 되어야 한다.

교육 공간 개선에 대한 학생들의 의견을 수렴한 결과, 교실 내 다양한 영역과 교실 사이의 연계, 활용이 가능한 복도, 놀이와 신체활동이 이루어지는 공간, 학교 외부 공간 내 녹지, 외부 공간과 실내의 연계성, 소규모로 활용할 수 있는 활동 공간이 필요하다고 이야기하고 있다.

따라서 기본적으로 수업이 이루어지는 교실과 다양한 영역의 활동을 하는 특별교실뿐만 아니라, 교실 사이를 연결하는 복도 역시 학생들이 다양한 실내 학습 공간으로 활용할 수 있도록 개선되어야 한다는 것을 알 수 있다. 또한 커뮤니티 활동을 촉진하는 다목적 공간, 다양한 유

서울금호초등학교. 안락한 둥지를 연상시키는 심미적 색감, 구조적으로 개선된 사물함 등 수납공간을 눈높이에 맞추어 새로운 공간으로 탄생되었다.

형의 외부 공간, 풍요로운 녹지를 가진 교육 공간 등을 구축해 일반 교실과 특별 교실, 복도, 그리고 인접 공간 등 학교 내외의 다양한 공간이 유기적으로 연계되면서 다양한 영역의 활동이 이루어질 수 있도록 해야 할 것이다.

서울형 학교 공간 혁신 방향-학습과 놀이 및 휴식 등 균형 잡힌 삶의 공간

미래교육 대응	학생 중심 학생 중심의 협동학습, 창의적 융복합 교육 등 미래 혁신교육에 필요한 다양하고 유연한 공간 조성
민주 시민 교육	사용자 참여 설계 학교 사용자의 주도적 참여 설계를 통해 민주적 의사결정 및 의사소통 능력 향상 등 교육과정과 연계한 민주시민 역량을 강화
자치공동체 실현	지역사회에 개방 및 공유 학교 공간을 지역사회에 개방하고 공유함으로써 지역사회의 문화 형성 및 삶의 공간으로서의 학교 역할을 확대

서울등촌초등학교. 다양한 게시 방법이 가능한 교실 게시판. 교실 구성을 유지하면서 몇 가지 장치를 이용하여 교실 공간을 다양하게 활용할 수 있게 되었다.

왜 학교 공간 혁신이라고 하는가

전문가와 공급자 위주의 설계에서 사용자 참여 디자인으로 변화
– 사용자 참여 디자인의 내실화를 위해 학생 참여 수업 별도 패키지 개발

학생이 활용하기 더욱 편리한usability 공간을 디자인하려면 먼저 학생user이 진심으로 바라고 원하는 것은 무엇인가를 파악해야 한다. 이를 위해 사용자 참여 디자인participatory-design을 실시하였다. 사용자 참여 디자인(설계)은 단계별로 학생들을 실제로 참여시켜서 설계와 검증을 진행하고, 기획과 설계 등 모든 단계에서 학생들의 의견을 수렴해 공간을 만드는 것이다.

사용자 참여 디자인을 실시한 결과, 학교가 기존의 교수·학습 중심의 획일화된 공간에서 벗어나 학생의 다양한 의견이 반영된 사용자 중심 공간으로 거듭나고 있다. 교수·학습과 교육과정 등 각 학교가 지니고 있는 특성에 적합한 시설을 구축하기 위해 학생, 건축가, 교사, 교장, 교육청으로 구성된 협의체를 운영하였다. 이러한 과정을 거쳐 새로워진 학교 공간에 대한 사용자 만족도가 높아지고 있다.

사용자 참여 디자인은 어떻게 진행되나?

사용자 참여 디자인 사례(북서울중학교)

사용자 주도형 참여 디자인 결과 사례(북서울중학교)

「2019년 학교 공간 재구조화」 사업 만족도

가. 학교 공간 재구조화 사업 만족도: 85.3%
   매우 만족(52.01%)＋만족(33.29%)＝85.3%

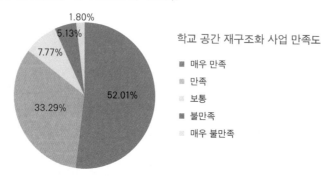

학교 공간 재구조화 사업 만족도

- 매우 만족
- 만족
- 보통
- 불만족
- 매우 불만족

매우 만족	375명	52.01%
만족	240명	33.29%
보통	56명	7.77%
불만족	37명	5.13%
매우 불만족	13명	1.80%

나. 사업 만족 사유: 공간 변화에 따른 학교생활의 즐거움(42.16%) 〉 수업과정과 연계된 공간의 변화(20.53%) 〉 다른 학교와는 차별화된 학교 시설(18.03%)

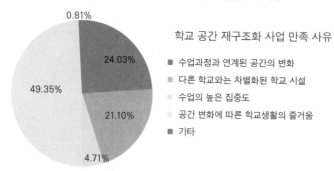

학교 공간 재구조화 사업 만족 사유

- 수업과정과 연계된 공간의 변화
- 다른 학교와는 차별화된 학교 시설
- 수업의 높은 집중도
- 공간 변화에 따른 학교생활의 즐거움
- 기타

수업과정과 연계된 공간의 변화	148명	24.03%
다른 학교와는 차별화된 학교 시설	130명	21.10%
수업의 높은 집중도	29명	4.71%
공간 변화에 따른 학교생활의 즐거움	304명	49.35%
기타	5명	0.81%

*불만족 사유: 학교의 디자인 요구 사항 미반영, 디자인 의도 구현 미흡 등

다. 사용자 참여 디자인 만족 사유: 공간 디자인에 대한 중요성 인식(34.9%) 〉
   디자인 참여에 대한 재미와 흥미(15.8%) 〉 디자인 참여를 통한 보람과 만족(13.9%)

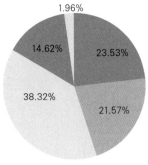

사용자 참여 디자인 설계 만족 사유

- 디자인 참여에 대한 재미와 흥미
- 디자인 참여를 통한 보람과 만족
- 공간 디자인에 대한 중요성 인식
- 학교에 대한 소속감 강화
- 기타

디자인 참여에 대한 재미와 흥미	132명	23.53%
디자인 참여를 통한 보람과 만족	121명	21.57%
공간 디자인에 대한 중요성 인식	215명	38.32%
학교에 대한 소속감 강화	82명	14.62%
기타	11명	1.96%

*불만족 사유: 학교의 디자인 요구 사항 미반영, 디자인 의도 구현 미흡 등

라. 사업 확대 필요성: 73.37% 확대 필요
   대폭 확대(38.14%) + 확대(35.23%) = 73.37%

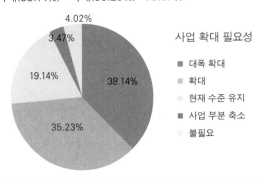

사업 확대 필요성

- 대폭 확대
- 확대
- 현재 수준 유지
- 사업 부분 축소
- 불필요

대폭 확대	275명	38.14%
확대	254명	35.23%
현재 수준 유지	138명	19.14%
사업 부분 축소	25명	3.47%
불필요	29명	4.02%

*서울시교육청이 2019년 12월 조사한 만족도 조사 결과.
*설문 참여자: 사업 대상 학교 학생, 교직원, 학부모 등 총 721명

서울형 학교 공간 혁신의 비전과 방법

미래 학교에 대비하는 교육 공간으로

미래의 학교는 학습의 기쁨을 주는 교육 공간, 생활을 담는 교육 공간, 공원을 품는 교육 공간, 지역과 함께하는 교육 공간이 되어야 한다.

미래 학교에 대비하는 서울형 학교 공간은 어떠해야 할까.

첫째, 학생들이 학습하는 데 기쁨을 줄 수 있어야 한다. 이를 위해서는 교육 공간을 구성하는 요소들이 학생들에게 적합한 학습환경으로 조직되어야 하고, 학생들의 개성을 구현하고 전문성을 살릴 수 있도록 다양한 학습 공간으로 구현되어야 한다. 또한 미래지향적인 교수·학습 방식을 수용할 수 있도록 필요에 따라 다르게 사용되는 유연한 학습 공간이 되어야 한다.

둘째, 생활을 담는 교육 공간이 되어야 한다. 미래의 교육 공간은 학습을 지원한다는 가장 기본적인 역할과 함께 학생 간 교류와 휴식이 이루어지는 거실과 같은 역할도 할 수 있어야 한다. 즉 학습 공간과 휴식 공간을 동시에 품은 집과 같은 공간이 되어야 한다.

셋째, 학교 내부와 외부 그리고 경계면 외부 공간을 활용해 다양한 외부 활동을 유도할 수 있고 친환경적인 생태 공간을 제공하는 공원과 같이 조성되어야 한다.

넷째, 지역과 함께하는 교육 공간이 되어야 한다. 각 학교가 위치하는 지역 문화 인프라 시설과 학교의 교육·시설을 밀접하게 연결해, 지역 맞

변화를 꿈꾸는 서울교육공간플랜

춤 교육을 운영하고 지역사회에 개방하는 동시에 지역사회의 인적·물적 자원을 활용하는 교육 공간이 되어야 한다.

학교 공간 혁신 프로세스

학교 공간 조성 프로세스는 기획-계획-시공-유지관리의 단계별로 기본 원칙을 세워 체계성을 유지하며 유기적으로 협조한다.

기획 및 계획 단계에 담당 부서인 서울특별시교육청 교육시설안전과와 서울시, MA(Master architect)*가 참여하고, 건축가는 사용지 참여 디자인 운영, 기본 및 실시 설계, 사후 설계 관리를 담당한다. 교육지원청은 소관 대상 학교 공모 실시 및 심사 후 서울특별시교육청에 추천, 참여 디자인 등 설계 지원, 공사 감독, 집행을 한다. 가장 중요한 역할을 담당하는 대상 학교는 사업 추진에 따른 학교 구성원 의견 수렴, 사용자 참여 디자인, 사업 사후 평가 등에 참여하게 된다.

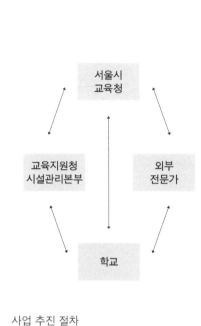

서울시교육청
• 기본 계획 수립 및 과제 점검
• 교육공간 혁신 추진을 위한 정책 지원

교육지원청 및 시설관리본부
• 사용자 참여 디자인 등 설계 지원
• 용역 및 공사 계약, 감독

외부 전문가
• 총괄건축가: 사업별 기획 단계부터 사후 설계 관리 조정 및 총괄
• 꿈담건축가*: 기본 및 실시 설계, 사후 설계 관리 사용자 참여 디자인 운영

학교
• 구성원 의견 수렴: 사업 추진에 따른 의견 수렴
• 사용자 참여 디자인: 구성원 적극 참여 환경 마련
• 교육과정 운영: 공간 재구조화 결과를 교육과정에 활용

사업 추진 절차

미래를 향한 도전 서울교육공간 혁신

서울시교육청은 미래 사회의 변화에 대비하여 학생들의 주요 생활 공간을 창의적·감성적 공간으로 혁신하기 위해서 초등학교 저학년부터 배

---

*MA(Master architect): 사업별 기획 단계부터 사후 설계 관리 조정 및 총괄.
*꿈담건축가: 개별 학교를 대상으로 학교 공간 혁신을 위한 사용자 참여 디자인, 워크숍, 기본 및 실시 설계 등을 운영하는 건축가.

움과 쉼, 놀이가 어우러지는 '삶의 공간'으로 교실 리모델링을 확대하고, 학교 구성원(학생, 교사, 학부모 등)과 함께 학교 특성을 반영한 공간으로의 변화를 위해 서울교육공간 디자인 혁신을 지속적으로 확대 추진할 것이다.

서울 교육 미래 공간을 위하여 학교 건축의 패러다임 변화를 촉진하고, 교육 공간의 혁신을 통해 학생들의 생활을 담고, 지속가능하며 지역과 함께하는 공간으로 변화될 수 있도록 추진하고 있다. 이러한 시도는 학교가 미래 혁신교육을 담을 수 있는 공간으로 변화하는 데 중요한 촉진제 역할을 할 것으로 기대된다.

학교 건축의 패러다임 변화

디자인 중심 설계공모	민관 거버넌스 확대	다양한 학교 건축 시도
설계공모 확대	미래교육공간 자문단 운영 학교공간혁신 전문가 지원단	신한옥형 교실 등

학교 건축물의 디자인 중심 설계공모

서울시교육청은 변화가 없는 학교 공간을 미래 사회가 요구하는 교육 공간으로 변화시키고자 디자인 중심의 설계공모를 확대하고 있다.

이러한 변화의 시도는 학교 건축을 할 때 기존의 가격 입찰에서 디자인 중심의 설계공모로 발주제도를 개선함으로써 서울교육공간 디자인 혁신에 큰 영향을 주었다. 현재 서울시교육청은 5,000만 원 이상의 교육시설 신축·증축에 대해서는 다양한 디자인을 접목해 학교 건축물의 질적 향상을 도모하고 있다.

설계공모 당선작, 방학중학교. 1982년에 개교한 서울 방학중학교는 35년이 넘는 시간 동안 마을 풍경을 지켜 왔다. 서울의 명산과 자연으로 둘러싸인 지금의 아름다운 풍경을 계속 이어 가길 바라는 마음으로 설계를 계획하였다. 사용하지 않는 후면 마당을 외관과 함께 마당으로 재구성하여 커뮤니티 공간이자 내부가 확장된 공간으로 활용하고 있다.

학생, 학부모, 전문가가 함께하는 민관 거버넌스 구현

학생, 학부모, 교원과 함께하는 사용자 디자인과 지역사회와 연계하고 민간 전문가가 교육 시설 정책에 참여하는 기회를 확대해 학교 공간에 대한 새롭고 다양한 생각을 반영함으로써 서울교육공간 디자인 혁신을 지속적으로 추진하고 있다.

이를 위해 학교공간혁신사업에 학교공간혁신추진단, 지원팀, 전문가 지원단, 민간 전문가 인력풀(학교건축가·꿈담건축가) 등을 활용해 협력체계를 더욱 강화하고 있다.

특히 2020년 처음 도입되는 민간 전문가 제도 중에서 학교건축가 제도는 개별 학교의 작은 공간도 창의지성에 걸맞은 디자인이 반영될 수 있도록 학교건축가가 전문가적 식견으로 자문을 해 줌으로써 그동안의

서울정수초등학교 한옥교실은 현재 학생 수 감소로 어려움이 예상되는 교육현장에 새로운 활력소가 될 것으로 기대하며, 학생들이 학교에서 전통건축을 일상적으로 만나는 기회가 될 뿐만 아니라, 목재를 사용한 건강한 교실, 편안한 좌식 공간, 마당과 가까운 열린 도서관을 제공하고자 계획하였다.

개별 학교 공간 혁신의 어려움을 해결할 수 있도록 도움을 주고 있다.

다양한 학교 건축 시도

서울시교육청의 기존 '꿈을 담은 교실'을 포함한 학교 공간 재구조화 사업의 성공을 발판으로 다양한 학교 건축을 시도함으로써 미래교육에 적합한 새로운 학교 공간 모델을 지속적으로 개발하고자 한다. 2020년에는 서울정수초등학교 신한옥형 교육 시설 구축을 통해 학교와 학생들이 전통 공간을 현대적으로 활용하고 체험하도록 제공함과 동시에 국내 신한옥형 교육 시설 보급 확산을 도모하고자 한다.

교육 공간 내용의 혁신

교육과정, 생활을 담는 공간	지속가능한 공간	지역사회의 소통 공간
꿈을 담은 교실 메이커 스페이스 첨단미래교실 등	제로에너지 학교 구축 (외벽+태양광 결합)	마을결합형 학교

교육과정, 생활을 담는 공간

학생들이 교육을 통해 미래를 준비할 수 있도록 학생 중심의 협동학습, 창의적 융복합 교육활동이 이루어질 수 있어야 한다. 따라서 학교가 미래 혁신교육에 필요한 다양하고 유연한 공간으로 조성되도록 진행하고 있다.

학교 사용자가 주도적으로 설계에 참여함으로써 민주적 의사결정 및 의사소통 능력의 향상을 이끌어 내는 등 교육과정과 연계한 민주시민 역량 강화로 학교 공간에 대한 애정을 가질 수 있도록 하고 있다.

마을결합형 학교 도시-학교-마을의 공존을 위한 공동체 운영	메이커 스페이스 학생의 상상력을 기반으로 실험, 제작, 창작을 위한 공간 구축
꿈을 담은 교실 교실 공간 활용 방안과 사용자 참여, 수업 변화를 위한 교실의 새로운 모델 제시	잘 노는 우리 학교 만들기 학생들이 실컷 놀 수 있는 학교 조성으로 아이들의 놀 권리 보장 및 행복한 학교 실현

친환경 디자인의 신재생에너지 학교 구축. 서울 월계중학교

지속가능한 공간

지속가능한 학교 건축을 위해 기존 학교 옥상에서 볼 수 있던 태양광 시스템의 심미성을 높이는 사업이 추진되었다. 학교 건물 외벽에 디자인을 접목한 친환경 디자인 신재생에너지 학교는 정부의 에너지 환경정책에 따라서 환경을 고려한 재생에너지 확대와 환경보전을 위한 지속가능한 친환경 학교 조성을 목표로 한다. 이는 학생들의 신재생에너지에 대한 관심을 높이고, 에너지 절약 의식을 높이는 데 기여하고 있다.

마을결합형 학교 건축

지역(마을)의 인적·물적 자원 및 콘텐츠를 적극 활용하고, 그에 따라 학교 건축에 마을결합형 학교 개념을 도입·구축하기 위해 아래의 사항

방학중학교 음악 마당. 기존에 사용하지 않던 창고를 철거하고 후면 마당에 넓은 부분을 확보하여 조경과 함께 앉아 쉴 수 있는 음악 마당을 조성하였다. 마당에 면한 시설이 음악 연습실이기에 소규모 공연이 이루어질 수도 있고, 평소엔 학생과 주민이 쉴 수 있는 데크 공간이 된다.

방학중학교 총 12개 교실의 칸막이 벽을 철거해 내부 공간을 재구성하여, 극장, 카페, 문예체실 등의 공간을 만들었다. 1층 주진입 로비는 마을 카페로 만들어져서 로비이자 동시에 앉아서 쉬는 카페의 역할을 한다. 기존 학교의 조직에서 볼수 없던 사선을 이용해 새로운 공간감을 만들고, 천장에서도 사선의 패턴을 느낄수 있도록하였다.

을 중심으로 추진하고 있다.

- 학교와 지역이 소통·연계·운영 및 협력할 수 있는 건축 계획
- 마을결합형 학교 추진을 위해 지자체와 협력 시스템 구축
- 지역사회와 학교 구성원이 함께 만드는 사용자 참여 설계 추진
- 전문가[마스터플래너(MP)]를 위촉해 학교별로 매칭하여 사업별 문제점 해소를 위한 방안 적극 모색

서울특별시교육청은 학교가 지역사회 중심으로 자치공동체를 실현할 수 있도록 학교 공간을 지역사회에 개방하고 지역 주민과 공유함으로써

서울신성초등학교는 학교 주변 고시촌의 열악한 주거 환경과 인근 영세 상가 밀집 지역으로 근린권 내 녹지 공간 부재 등 회색빛 콘크리트로 둘러싸인 생활권에 위치하고 있다. 학생들뿐만 아니라 지역 주민에게도 쉼, 놀이, 자연과 교감할 공간이 필요했다. 마을과 학교가 협력함으로써 정서적인 충만함을 얻을 수 있는 공간을 제공하고 있다.

지역사회 문화를 형성하는 삶의 공간으로서의 학교 역할을 강화할 수 있도록 적극 지원하고 있다.

서울교육공간 혁신 기반 및 향후 행보

서울교육공간플랜 실천

2018년 서울시교육청은 서울교육공간의 품격을 향상하기 위한 종합계획인 교육공간플랜을 발표하면서 미래 학교로의 준비를 위해 미래교육 공간의 비전과 실행체계를 정립하고, 체계적 관리와 함께 본격적인 추진력을 바탕으로 비전을 하나씩 실천에 옮기고 있다.

서울시교육청 설계공모 포털 '에듀디자인' 운영

서울시교육청은 17개 시도교육청 가운데 처음으로 학교 건축 온라인 설계공모 포털 '에듀디자인'을 구축, 운영하여 교육 공간 디자인 혁신의 추진체 역할을 하고 있다. 이미 서울시교육청은 2016년부터 설계비 5,000만 원 이상 신축·증축 교육 시설에 대해 디자인 공모제를 운영하고 있었다. 한 걸음 더 나아가 온라인 설계공모는 공정성·투명성이 보장되고 역량 있는 건축가의 참여를 높일 수 있어, 수요자 중심의 학교 건축 패러다임의 변화와 학교·지역별 특성을 반영한 미래형 서울 학교 건축 모델을 선도하는 계기가 될 것으로 기대된다.

좋은 교육 공간을 만들기 위한 전국 시도교육청 최초
서울시교육청 공공건축지원센터 구축

서울특별시교육청은 학교 신축·증축, 복합화 시설, 도서관 등 학생 및 시민의 삶의 질과 직결되는 교육 건축물의 품격을 높이기 위해 전국 시도교육청 최초로 '서울시교육청 지역 공공건축지원센터'를 2020년 4월부터 운영하고 있다.

학교 건축물은 학생들의 삶의 질을 결정하고 지역사회에 복지, 교육, 여가 등의 공공 서비스를 제공하는 공간으로, 학교 건축물은 우리 생활과 밀접한 관련이 있으며 양질의 교육과 생활을 뒷받침한다.

서울시교육청 공공건축지원센터 운영은 학교 건축의 합리적인 사업준비와 기획, 효율적인 사업 추진의 바탕이 되어 궁극적으로 우리 학생들의 생활 속에서 좋은 교육 공간을 만드는 데 기여할 것이다.

서울교육공간혁신 1.0: 학교 건축 변화의 서막

(서울시교육청 교육 공간 모델이 교육부 국책사업으로 추진되어 전국 학교에 전파된 이유)

---

1. 긍정적인 **교육환경 조성**을 통해 가르치지 않아도 배움이 일어나는 장소
- 꿈담교실
- 꿈을 담은 교실(초, 중, 고)
- 꿈을 담은 다문화특별학급 공간
- 꿈을 담은 학교 도서관 문화 공간
- 꿈을 담은 중학교 협력종합예술 공간
- 꿈을 담은 개방-연합형 교육 공간
- 꿈을 담은 소통-어울림-교무행정실
- 꿈을 담은 특수학급 공간
- 우리 학교 고운 색 입히기
- 꿈을 담은 학교 정원
- 꾸미고 꿈꾸는 학교 화장실
- 꿈을 담은 혁신미래자치학교
- 서울형 메이커 스페이스
- 서울형 혁신미래학교

- 꿈을 담은 놀이터
- 꿈을 담은 돌봄교실
- 꿈을 담은 학습카페
- 안락한 유치원 방과 후 과정 교실 혁신

2. 학교 건축 의사결정 절차의 혁신
- 공급자와 전문가 위주의 설계에서 사용자 참여형 디자인으로 주도
  성의 변화

3. 미래 학교에 대비하는 교육 공간으로 혁신
- 학습의 기쁨을 주는 교육 공간, 생활을 담는 교육 공간, 공원을 품
  는 교육 공간, 지역과 함께하는 교육 공간으로 변화

앞에서 명시한 바와 같이 서울시교육청은 초등학교 저학년을 대상으로 한 꿈을 담은 교실 등 일련의 학교 공간 재구조화를 통해 미래지향적인 교육에 대응하고 교육과정 중심의 학교 공간 디자인을 통해 학생들의 꿈과 재능이 발휘될 수 있도록 창의·감성적 교육 공간으로 재구성하였다. 그간 이루어진 서울형 학교 공간 혁신은 "꿈을 담은 교실, 협력종합예술 교실, 다문화특별학급 교실, 학교 도서관, 개방-연합형 교실, 꿈을 담은 놀이터, 꾸미고 꿈꾸는 화장실" 등의 다양한 교육 공간으로 구축되었다. 이러한 서울 교육정책의 실천은 변화하는 학습자, 의사결정 과정의 혁신적인 변화, 체험 중심의 교육을 실현하는 데 길잡이가 되었고 서울시교육청이 선도한 학교공간혁신사업은 2019년 교육부 주요 정책 사업으로 채택되어 전국 학교로 전파되는 큰 성과가 있었다.

서울교육공간혁신 2.0: 혁신 추진 체계 선도성 및 성과

서울시교육청은 그동안 추구했던 정책인 학교공간혁신사업의 교육적 의미와 학생이 주인공이 되는 공간으로의 변화가 전국으로 확대된 것에

그치지 않고 서울학교공간혁신 2.0 추진에 박차를 가하여 학생들이 존중받고 함께 성장하는 미래 공간으로 더욱 발전하는 학교 공간으로서 지성·감성·인성이 조화로운 꿈과 희망의 배움터로 거듭나도록 준비하고 도전할 것이다.

1. 서울시교육청 '꿈을 담은 교실' 전국 전파
• 2019년부터 국책사업 선정 전국 확대

2. 서울교육공간플랜
• 서울교육공간 기본 구상, 공간 디자인 전략, 중장기 로드맵 설정

3. 꿈담건축가: 120명 선발 운영
• 서울시교육청 공공건축가로 활동하는 역량 있는 건축가로서 서울시교육청 공공건축 프로젝트 사업에 참여

4. 학교건축가: 50명 선발 운영
• 서울시교육청 산하 학교 담당 건축가로 학교 발전 마스터플랜 작성, 중소 규모 학교 공간 디자인 기획, 실행

5. 서울시교육청 공공건축지원센터 운영: 전국 최초
• 좋은 교육 공간을 만들기 위해 전국 시도교육청 최초로 서울시교육청 공공건축지원센터를 운영하며 건축 기획 강화, 자문 등 역할

6. 교육 시설 리모델링 정책연구: 교육부 정책 제안
• 서울을 포함한 전국의 노후 교육 시설 전체를 파악하고 혁신할 수 있는 리모델링 정책, 집행 방향 연구

7. 서울교육형 스마트&그린&공유 뉴딜: 2020년 한국형 뉴딜 정책 확정
• 스마트 교육+공간 혁신+정보기술+생태환경+지역 연계
• 정부와 함께 포스트 코로나 시대를 대비한 진취적인 교육환경 구축

8. 미래를 담는 학교(미담학교)
• 학교 단위 교육 시설 공간 혁신을 위한 중장기 로드맵 설정
• 30년 이상 경과된 학교 건물 개축/리모델링을 통한 공간 혁신

9. 민간 전문가 제도: 서울교육시설 정책 자문관, 꿈담건축가, 학교건축가

10. 학교 설계자 선정 방식: 설계 공모 심사제

꿈을 담는 학생 중심 학교 공간

'

이재림(한국교원대학교 교육정책전문대학원 교수)

학교교육 패러다임의 변화와 정책 현황[1]

지식 중심의 강의식 교실 위주의 표준설계도

1960~1980년대 우리나라 인구는 폭발적으로 증가했고 이와 함께 학생 수도 기하급수적으로 증가했다. 하지만 학교 수는 몇 개 되지 않아 등하교할 때 많은 학생들이 버스를 이용했다. 당시에는 고도의 경제성장에 필요한 많은 지식을 주입하는 단순 강의식 교육이 대세였다. 한 학급당 60~80명 수준의 학생 수를 분산하기 위해 최대한 빨리 교실을 증축할 수 있는 효율적인 방법이 바로 표준설계도에 의한 학교 설립이었다.

표준설계도에 의한 일자형, 기역자형 배치

표준설계도에는 단위 교실의 기본 및 상세 설계가 준비되어 있다. 설계자는 교실 배치를 하고 표준설계도를 활용하며, 공무원들이 공사 수

---

1. 이 글에서 1990년대 중반 이후 추진된 내용은 필자가 서울시교육청 재직(사무관, 교육시설과장) 당시 학교 공간에 대한 주요 전환 정책으로 추진했던 내용을 정리한 것이다.

량을 직접 계산해 조달청에 발주해서 신속하게 학교를 설립하는 방식이었다. 그런데 일자형 배치가 기본이기 때문에 교실 외에는 모두 체육장으로 구성하고 매년 학생 수 증감에 따라 필요한 교실 수만큼 증축하는 형태로 결국 기역자, 디귿자형으로 배치된 형태가 지금의 우리 학교 모습이다.

외부 공간의 변화

1990년 초부터 교육부(당시 문교부)에서 학교 시설 현대화 정책을 시작하면서 서울불암초등학교를 대상으로 저학년과 고학년의 외부 공간이 분리된 새로운 학교 형태를 제시했다. 이로써 이전의 대형 단일 운동장 개념에서 저학년 전용의 놀이 공간이 확보되었고, 체육장을 중심으로 한 고학년 외부 공간으로 이원화한 정책이 활성화되는 기회가 되었다. 반면에 교실 내부 환경은 강의식 교육에서 크게 벗어나지 못했다.

지역사회와 함께하는 학교 시설 복합화

1997년부터 서울금호초등학교를 시작으로 학교 시설 복합화 사업이 추진되었다. 이는 부족한 교육 시설을 보완하고 지역의 공공체육, 평생교육 시설을 학교 시설과 복합화함으로써 학교와 지역의 상생을 도모하고자 한 사업으로, 학교 시설 복합화의 국내 효시가 되었다.

서울금호초등학교는 1950~1960년대 건축된 노후 건물이 대부분이었고, 학교 주변은 전형적인 노후 주택 밀집 지역인 데다 동네 시장이 형성되어 매우 복잡했다. 복합화 사업을 통해 학교 운동장 레벨을 기준으로 지하 부분은 도로 접근성이 높은 특징을 고려해 지역사회 공간으로 개방함으로써 지역의 열악한 복지 환경을 개선할 수 있었다. 한편, 학교에서는 개축 비용의 부족과 체육관 및 수영장, 무용실, 헬스실 등 다양한 체험 공간이 부족한 환경을 개선할 필요가 있어 서울시 및 성동구청과 협의를 거쳐 2002년 지역사회 학교가 탄생했다.

수준별 교육과 도서관 중심의 정보화 교육 확산

2000년 초에는 7차 교육과정 개정과 7·20 여건개선 사업에 의한 학급 수 증설로 교실이 부족했다. 그래서 당시는 여러 시도교육청이 일시에 많은 교실을 증축하는 시기였다. 당초 1년 이내에 학급당 45명에서 35명 수준으로 낮추려는 획기적인 사업을 구상했다. 특히 7차 교육과정에서 도서관의 중요성이 제시되었고, 컴퓨터실이 증설되었으며, 수준별 교실을 확보하는 내용이 주된 사업이었다. 한편, 7·20 여건개선 사업은 단순히 학급당 학생 수를 낮추고 일반 학급 교실을 증축하는 등의 사업으로, 이를 위해 서울특별시교육청에서는 개방 가능한 도서관 중심 공간 재배치 방안을 수립하여 다양한 체험교육실을 확보하고자 했다.

각급학교 내 체육관 및 식당 확보 사업

2000년 이전 각급학교의 체육관 보급률은 아주 낮아 명문 학교 이외에는 체육관이 설치되지 못한 상황이었다. 다행히 서울특별시교육청에서는 2000년 초 신설 학교부터 체육관을 포함한 건축을 시작했으며, 이후 식당을 추가 확보하기 시작했다. 이는 여러 학급이 동시에 체육관을 이용할 때 안전을 고려하고, 과학 체육을 하기 위해서는 실내 체육 활성화가 필요하다고 판단한 것이다. 기존 학교 체육관 사업을 획기적으로 확대하기 시작한 동기는 서울시와의 협력을 통해 각각 50%의 비용을 분담해서 건축하고, 방과 후 주민에게 개방하는 학교 시설 복합화 사업의 활성화가 크게 기여했다.

친환경 학교 및 에너지 절약형 학교 사업

서울시교육청에서는 2000년 학교 공간의 친환경 정책 방안을 수립하여 학교 녹화사업은 물론 생태교육 공간 확대 사업을 추진함으로써 체험 중심 교육을 활성화하고자 했다. 이를 위해 서울시 녹화사업비 확대 요구를 통해 학교마다 담장 없는 학교와 동시에 지역 주민에게 개방되는 녹지 확대 사업이 어느 정도 정착할 수 있었다. 또한 학교 시설의 에너지 절약형 건축을 위해 지열과 태양열을 이용한 에너지 제로 학교 사업을 추진했다.

교구 개선 사업을 통한 학습 효과 개선 시도

2000년대 초까지 학급 교실의 책걸상은 목재가 대부분이었다. 당시에는 학생들에게 맞는 인체공학적 디자인이 이루어지지 못했고, 책상과 의자의 높낮이가 획일화되어 학생의 체형에 맞지 않았다. 게다가 책걸상이 현저히 부족해 교구 배치 사업의 2단계 계획을 수립하고, 1년여 동안의 정책연구를 통해 새로운 교구 개선 사업을 진행했다.

1단계인 교구 개선 사업의 연구 결과, 인체공학적인 디자인, 높낮이 조정 기능, 허리 혈류 개선을 위한 의자의 틸팅 기능 부여, 재료의 개선으로 노후 시 지속가능한 재활용 구조로의 변화, 재료에서 방출되는 포름알데히드 저감이 주요 개선 내용으로 떠올랐다. 교구 제작 사업체를 대상으로 공모를 하여 많은 학교들이 새로운 교구를 도입하는 계기가 되었다. 반면에 2단계 추진 예정인 각 교과 교실 및 건축 공간에 배치될 교구 타입과 디자인 개선 사업은 추가로 시도되지 않은 것으로 파악된다.

초등 열린 교실 도입에 따른 공간 변화

1990년대 말 초등학교 교육의 교수학습 방법 자율성과 다양한 학습 방법 도입을 위해 열린 교실 사업이 시범적으로 확산되기 시작했다. 이는 학급 교실이 강의식 교육의 범주에서 벗어나지 못한 채 다양한 학습을 구현하기 어렵다는 한계점과 복도 공간의 활용성을 높이고자 시도되었다. 그러나 예기치 않게 소음과 교실 프라이버시 문제로 학교 내 갈등을 빚기 시작함으로써 전면 재검토를 하게 되고, 다시 칸막이가 설치되는 과정이 이어졌다. 현재는 다양한 학습 활동을 위해 복도 공간을 재구성하려는 시도가 일어나 일부 공간에 새로운 의미를 담는 공간의 확장이 시작되었다.

중등 교과교실제의 도입에 따른 공간 변화

교과교실제는 1997년 광희중학교에서 시도되었으나, 건물 완성 후 일반 학급교실제 환경으로 다시 구성되었다. 운영을 위한 교육정책이 수반되지 않아 시행착오를 겪은 것이다. 그러다가 2000년대 중반 이후 정부의 교과교실제 정책에 의해 본격적으로 추진되어 현재에 이르고 있다.

초기에는 많은 학교에서 일시에 교과교실제로 추진함으로써 본래 운영 특성을 잘 반영하지 못한 결과를 가져왔다. 즉, 각 교과 교실의 크기는 특별교실제 교실과 별 차이가 없어 이론과 실습 및 컴퓨터 활용 수업 등을 일체적으로 운영하기 어려운 구조였다. 또한 공용 공간의 한계로 홈베이스를 대신할 공간의 부족과 학생 이동의 불편함을 대신할 공간 구성에서 미흡한 결과가 나타났다.

교육과정과 창의적 교육환경의 변화

소통 중심의 환경
 - 교사 및 학생의 소통 중심 공유 공간 확보
 - 교사연구실, 교과연구실, 교직원 카페 등 소통 중심 공간 확보

단위 교실의 재량권을 가진 교사가 경계를 넘어 다른 교실과 교류할 수 있는 여건이 조성되지 못했다. 과거 교무실이라는 집단적 환경에서 이루어졌던 소통이 개별 교실 위주로 전환되면서 분리는 더 심해졌다. 이는 교사 상호 간의 소통은 물론 타 학급 학생과의 관계에서 상호 정보 교류가 미흡해지는 결과를 낳을 수도 있다. 따라서 제도적 장치가 필요하고, 그 대안으로 초등학교는 학년별 교사연구실을, 중등학교는 교과 단위 통합 연구실을 기반으로 하며, 전체 교직원을 위한 카페 등을 식당에 인접 배치함으로써 휴식 또는 방과 후 활용을 위해 리모델링하는 것이 필요하다.

학습 방법의 변화를 수용할 수 있는 환경
 - 다양한 수업 방식: 토론, 세미나 등 협력 학습, 프로젝트팀 학습
 - 실생활 중심 주제통합 수업

개발도상국과 선진국의 교수학습 방법은 많은 차이를 보인다. 단순 강의 중심의 지식 전달 교육이 개발도상국 교육 시스템이라면, 개인의 적성과 정보화를 통한 다양한 교수학습 방법을 실현하는 인성, 배려, 소통 중심의 교육을 선진국 교육 시스템이라고 볼 수 있다. 특히 중학교에

뉴질랜드 학교 정보화 교육

서는 진로 탐색 중심의 경험 교육이, 고등학교에서는 전문 교과 중심의
선택 교육과정의 활성화가 교육 선진국의 특징이다. 즉, 이들 학습 방법
을 모두 수용하거나 발달단계별 다양한 학습 방법을 실현할 수 있는 방
안으로 교실 환경을 구축할 필요가 있다.

> 융합 요소를 담을 수 있는 교과 교실: 학문 간 기술 간 융합
> - 문화·예술 요소: 디자인 창작 공간, 발표, 상황극
> - 안전체험 교육, 융합 교육환경(예: 기술+디자인+미술)
> - 다목적 활동 공간, 융합 제작 공간(메이커 스페이스), 퍼포먼스 공간
> - 교과 외 미래교육 체험의 다양화/AV, 직업체험, 드론, 천체체험 등

교과 단일 교육 중심에서 점차 교과 간 연계 교육을 위한 다양한 환경을 구축해 가야 한다. 특히 실생활을 중심으로 학생 흥미와 다양한 경험 교육을 위한 창작학습 공간 등 미래교육에 활용 가능한 교과 위주의 교과 교실 다양화가 중요하다. 또한 경험 중심의 교육을 위해 학교 공용 공간을 광장으로 조성해 다양한 경험과 융합적 교육환경을 상시로 접할 수 있는 환경도 필요하다.

학생 중심 광장 환경

- 현재: 휴식 시간의 안전사고 방지를 위해 교실 내에 머무름
- 휴식 시간에 교실 밖 또는 옥외 활동을 유도: 신체활동

놀이, 학습, 휴식, 정보 교류가 가능한 거실 중심의 광장 환경

현재의 학교 공간은 학급 교실과 복도를 중심으로 화장실, 계단이 배치된 전형적인 일자형 구조이다. 이 상태에서는 휴식 시간에 화장실을 다녀오면 갈 곳이 학급 교실밖에 없기 때문에 학생들의 교류는 학급에 머무르게 된다. 그나마 복도에서의 신체활동은 안전사고를 이유로 제한되고 있으며, 학생들은 지루한 교실에서 다음 수업을 기다려야 한다. 이는 정서적으로 스트레스를 해소할 기회를 박탈당하고 맘껏 뛰어다녀야 할 학생들을 속박하는 공간 구조이다. 따라서 다양한 활동과 교류 및 휴식이 가능한 거실 중심 광장의 공간 구조로 전환되어야 한다.

소통 및 활동 중심의 옥외 공간 환경: 다양한 구성원의 요구 반영

학생들은 옥외 공간에 어떤 시설 공간이 생기기를 바랄까. 초등 중학년은 모험 놀이 시설, 고학년은 활동 공간, 기타 생태 공간, 산책로, 동물 및 식물 감상 공간 등을 요구한다. 기존에는 대부분의 학교가 건물과 진입로 그리고 체육장으로 배치되어 학생들 일부분의 요구만 수용하는 개념의 공간 구조를 지니고 있다. 이를 사용자인 학생을 중심으로 다양한 요구를 받아들여 소규모 활동 공간과 휴식이 가능한 조경, 생태 공간 그리고 놀이 공간을 학급 교실에서 가까운 곳에 배치하여 휴식 시간에 이용이 가능하도록 조치해야 한다.

초등학교 발달단계별 평면 및 옥외 공간 구성

초등학생의 신체 및 정신 연령을 고려한 저학년과 고학년의 영역
- 저학년: 학급 교실 환경의 거실 공간화
- 고학년: 특별교실 사용, 체육관, 도서관 활용이 중요
- 각 층 중심 공간에 학년별 학생의 필수 시설인 화장실, 휴식 공간, 실내 놀이 공간, 정보 환경, 독서 공간 등이 집중되도록 함

초등학교 저학년과 고학년의 신체적 정신적 연령 차이는 6년으로 매우 크다. 즉 저학년은 실내에서 놀이를 중심으로 개인 또는 공동 작업을 할 수 있는 목재 바닥과 온돌 시스템의 도입이 필요하며, 신발을 벗고 생활할 수 있는 바닥 중심 환경이 필요하다. 특히 교실에서는 러그 미팅, 개별화 수업, 모둠별 수업 등 다양한 수업이 이루어지므로 교실

크기가 고학년 교실보다 커야 한다. 반면 고학년은 사회성 활동이 활발한 시기이므로 교실 밖 환경이 좀 더 활동적으로 구성되어야 한다. 즉 교실 밖 급간 범위를 넘어 소통이 이루어져야 하고 휴식과 놀이, 정보 활동이 활발한 거실 개념의 광장 환경이 필요하다.

옥외 공간
 – 저학년 옥외 공간: 동물, 숲, 개인 신체 놀이
 – 고학년 옥외 공간: 모험 놀이, 활동 공간, 숲, 단체 놀이

저학년 교육에서는 감성과 인성 교육이 특히 강조된다. 이를 고려해 저학년 교실 앞에는 저학년 전용 놀이 설비와 동물 사육장, 학교숲을

유치원 놀이

두는 것이 필요하다. 신체 특성상 활동을 주로 하는 고학년을 위해서는 활동장과 체육장을 연계 배치하도록 한다.

공공 복지시설을 도입한 학교 시설 복합화

지역사회 공공 아동 시설 복합화
- 아동 복지시설의 연계(어린이집, 유치원, 초등학교 돌봄 통합 기능)
- 모든 초등학교 내 공공 유치원 설립: 통합 돌봄교실
- 운영체계 다변화: 공립, 학교법인, 사회적기업 위탁 등

지난해 우리나라 합계 출산율은 0.98%로 적정 유지 출산율인 2.1% 의 50% 미만이다. 올림픽이 열리던 1988년에는 출생아 수가 63만 명이 었는데, 2018년에는 약 50% 수준인 32만 명으로 감소했다. 이는 OECD 평균 출산율인 1.68%와 비교해도 매우 적다. 그 원인에 대한 논고는 별 도로 하더라도 향후 기본적 보육 서비스는 국가 책임으로 보완해야 할 것이다. 기본적 서비스로는 지역에서 아이를 안심하고 키울 수 있는 탁 아 및 돌봄 기능을 갖추고 어린이집이나 유치원과 함께 운영되어야 할 것이다. 특히 지역사회 공공 아동 복지시설의 확충을 통해 자녀를 안전 하게 보호할 수 있는 환경으로 학교 유휴 공간을 활용하는 방안이 필요 하다.

이는 지역의 중심에 위치한 학교는 학부모의 접근성이 용이하며, 초 등학생 자녀와의 연계가 가능하고, 학교라는 안전한 울타리가 있기 때 문이다. 특히 구도심이나 농촌의 경우 지역 학생 수 급감으로 많은 유휴

교실이 발생하고 개축 시기가 가까워졌다. 이러한 점을 고려하면 개축이나 리모델링 시 지역의 부족한 아동 복지시설과 복합 운영함으로써 지역의 공공적 복지 역할을 충분히 할 수 있을 것이다. 또한 자치단체가 직접 운영하는 경우와 관련 공익적 역할을 수행할 수 있는 법인이 참여하는 등 운영 주체의 다변화를 통해 선의의 경쟁을 하는 환경을 만들 수 있을 것이다.

학교 공간의 노인 복지시설 활용 사례(일본)
  - 학교 유휴 교실을 지역사회 주간 보호시설로 운영
  - 1~2층: 노인 시설, 3~4층: 특별교실, 학생과 주민의 동선 분리

우지시에 있는 오구라초등학교는 12년 전 학생 수 급감으로 건물 한 동 2개 층의 교실이 유휴 교실로 남았다. 이에 지역사회에서 거동이 불편한 노인의 주간 보호시설을 제안했고, 많은 주민들이 이에 찬성하자 노인 복지시설을 운영하게 되었다. 학교에서는 노인과 아동의 만남이 지역사회와 노인에 대한 이해를 높이고 학생들에게 봉사의 기회를 줄 수 있어 좋은 제안이라 평가하고, 현재까지 운영하고 있다. 당시 주민들 중에는 자신이 치매에 걸릴 경우 먼 거리의 독립 요양원에 가지 않고 친척과 친구들이 있는 곳에서 지내기를 희망하는 사람들이 많았다. 다만 공간적으로 보호시설과 학교 시설이 구분되지 않아 안전 문제가 대두되어, 학교 입구에 이를 보완하기 위한 지킴이를 두는 것으로 합의가 이루어졌다. 이와 같은 사례를 볼 때, 우리도 학교 시설 중 유휴 교실이 생긴다면 지역과 함께할 수 있는 공공 복지시설로 활용하는 방안을 고민해 볼 필요가 있다.

주간 보호시설 봉사. 오구라초등학교

노인 평생교육. 오구라초등학교

학생 안전을 위한 외부인 자연 감시 체계 구축

자연적 감시가 가능한 방범 예방 환경
- 주 출입구에는 경비실, 행정실 및 교무실, 교과연구실 등을 배치
- 관리실과 복도의 투시형 경계벽에 의한 상호 교감 확대

외부인의 무단 학교 침입은 방범 사고의 원인이 될 수 있다. 2000년 외부인 침입으로 일본 이케다소학교 아동 8명이 사망하는 사고가 일어났다. 이 사건을 계기로 일본에서는 외부인의 학교 진입 시 관리인이 엄격히 통제하고, 건축물에 자연 감시 체계를 구축하고 있다. 또한 관리실과 복도의 투시형 경계벽에 의한 상호 교감을 확대하고, 이를 위해 교장실, 교무실, 행정실, 교과 교실 등 학생과 교감이 가능한 투시형 벽체를 구성함으로써 예방을 하고 있다. 이는 외부인의 무단 침입에 따른 범죄 예방 효과가 있으나, 거주자의 프라이버시 침해 논란도 발생된다.

학생 중심 공간 활용 방안

식당의 다목적 활용
- 중심 영역 내에 위치하며 점심 식사 전후 학생 교육활동 공간으로 활용

식당은 학생들의 식사라는 위생적이고 교육적인 목적을 위해 배치된다. 학생들의 접근성을 고려해 중심 영역에 위치하며 점심 식사 전후 빈 공간으로 남아 있는 시설을 학생 활동 공간으로 활용하는 방안이 도출

되어야 한다. 또한 교사 휴게실 및 간이 협의실을 식당과 겸용할 수 있으며, 일부 학생 동아리 활동실이나 교육적 목적의 활동을 요구하는 공간으로도 활용할 수 있다. 식당 내부는 자연적 감시가 가능해야 하는데, 식당을 일부 분화하여 투시형 칸막이를 설치하는 방안도 생각해 볼 수 있다. 학교 공간 내 식당은 별도의 외부 독립 공간이 아닌 교사동 내 중심에 배치되는 것이 우선일 것이다.

체육 공간의 다양화(36학급 기준)
- 정규 체육관: 농구, 배구, 피구, 뜀틀, 배드민턴
- 다목적 체육실: 체조, 무용, 탁구, 안전교육, 국악

36학급의 학교에는 정규 체육수업을 위해 3~4개의 체육 공간이 필요하다. 주당 수업시수가 3시간일 때 최소 3개 학급이 동시에 체육수업을 하려면 기능이 다른 2개 이상의 실내 체육 공간이 확보되어야 한다. 따라서 정규 체육관 외에 소규모 체육활동을 할 수 있는 다목적 활동실을 확보해야 한다.

지역사회 개방이 가능한 도서관을 중심으로 마을교육공동체 운영
- 컴퓨터실과 회의실, 다목적실 등은 도서관과 연계하여 활용

학교 도서관은 지역사회 도보권 내에 있으면서 평생교육 시설 상시 개방이 가능한 시설로 활용할 필요성이 있다. 이는 일상의 주거와 가장 가깝게 접근할 수 있으며 관련 공간과 연계 시 이용 시너지 효과가 높다. 이러한 도서관과 연계하여 마을교육공동체를 운영하며 지역 청소년

운동장

의 상담과 지역 3세대 가족의 공유 공간으로 활용할 수 있고, 일부 시설을 연계하여 평생교육으로 활동을 확장할 수도 있다.

특수학급 교실은 일반학급 교실 중심 공간에 배치

특수학급 교실을 별도의 구석진 조용한 위치에 두는 것은 특수 학생들을 일반 학생들로부터 소외시키는 공간적 단절을 의미한다. 그러므로 특수학급을 일반학급 교실군 중심에 배치하여 상호 통합을 유도하며, 이를 통해 일반 학생들의 장애 학생에 대한 이해의 폭을 넓히는 것이 중요하다. 또한 물리적으로 엘리베이터, 화장실, 계단과 인접한 위치에 둠으로써(1~2층 배치) 이동의 편리성을 증대시킬 수 있다.

제2장

학교!
남다른 공간, 남다른 상상

학교 공간에 대한 새로운 상상력

배성호(서울송중초등학교 교사)

삶터 공간으로 학교 다시 보기

학교 하면 무엇이 떠오르는지 생각해 보자. 오래전 학교를 다녔던 아련한 추억을 비롯해 네모반듯한 교실 등 저마다의 기억 한 곳에 자리한 학교 모습은 참 다양할 듯싶다. 그런데 최근 학교 공간에 대한 관심이 커지면서 이전과는 다른 형태로 학교가 새롭게 변화하고 있다.

변화하는 학교 공간을 살피는 출발점은 삶터 공간으로서 학교의 재조명이다. 학교는 그저 당연한 교육 공간만이 아니라 학생과 교사가 함께 만들어 가는 다채로운 삶의 공간이기 때문이다. 늘 오가던 길들도 자세히 보면 새로운 것이 보이듯 학교 공간 역시 마찬가지다.

학교 공간을 새롭게 바꿔 나가는 것은 무엇보다 교육적으로 학생들의 성장에 큰 도움이 된다. 학생들이 학교 공간을 바꿔 나가는 과정은 마치 학생 스스로 진로를 찾아 새롭게 길을 만들어 가는 것과 비슷하기 때문이다. 학교 공간을 새롭게 탐색하고 이를 바꿔 나가는 과정을 통해 학생들은 자신의 삶을 디자인하는 기회와 마주할 수도 있다.

서울삼양초등학교 도서실. 도서실 한가득 책장만을 채워 두는 방식이 아니라 빈 공간을 적절히 활용하면서 자유롭고 편안한 분위기에서 아이들이 카페처럼 도서실을 친근하고 편안하게 이용할 수 있도록 만들어 큰 호응을 얻고 있다.

학교 공간 혁신은 학생들의 성장을 열어 가는 발판

건축과 관련된 전문지식이 있어야만 학교 공간을 바꿀 수 있는 것은 아니다. 공간을 바꾼다는 것은 단순히 물리적 공간만의 변화를 뜻하지 않는다. 스스로 보는 관점을 바꾸는 동시에 자기 스스로와 새롭게 마주할 수 있는 장이 열리기 때문이다. 특히, 이 변화에서는 선생님들의 삶터 공간인 학교를 새롭게 살피는 것도 매력적이다. 익숙하게 마주하는 복도와 교실 등을 그저 있는 그대로 받아들이는 것이 아니라 소박하게 교실 뒤판을 바꾸고, 의자 배치만 바꿔 보아도 공간이 새롭게 살아날 수 있다. 이 과정을 학생들과 함께한다면 그 자체로 유쾌한 공간 프로젝트 수업이 가능하다. 이를 통해 학생뿐만 아니라 선생님도 여러모로 자극을 담뿍 받을 수 있다.

최근 학교 공간에 대한 관심들이 많아져서 전담 부서가 생기고 서울시교육청, 광주시교육청을 비롯해 교육부에서도 대대적으로 학교 공간 변화를 위한 정책이 나오면서 현장이 바뀌고 있다. 이런 변화는 학교가 더 이상 네모난 규격 형태의 장소로만 존재하는 것이 아니라 창의적인 공간으로 재탄생하는 계기를 만들어 주고 있다.

학교 공간 변화는 매력적이다. 공간 변화로 인해 삶의 모습이 달라지기 때문이다. 나아가 삶터에 기반을 둔 공간 혁신으로 학생들은 주인공이 되어 직접 학교를 바꿔 나가며 스스로 성장할 수 있는 발판을 마련할 수 있다. 이 과정에서 교사, 학생, 학부모, 그리고 교육공동체가 더불어 새로운 가능성을 열어 갈 수 있다.

서울삼양초등학교 도서실

비울수록 충만해지는 학교 도서실

도서실이 예전과는 많이 달라지고 있다. 사진은 필자가 근무한 서울삼양초 도서실이다. 이곳은 따뜻하면서도 정겨운 공간으로 많은 학생들이 좋아하는 공간으로 거듭났다. 사실 이전에는 빼곡하게 들어선 책들 때문에 도서실이 갑갑하게만 느껴졌다.

세심하게 학교 도서실을 설계한 홍경숙 건축가와 교직원들의 노력이 합해져 이곳이 환하고 너른 공간으로 바뀌었다. 도서실을 꽉 채운 책들을 희망하는 학급이나 유휴 공간 등으로 분산했기 때문이다. 이런 운영의 묘 덕분에 현재 도서실은 비어 있어서 오히려 충만함을 느낄 수 있는 곳이 되었다.

실제로 학교현장은 최근 출산율 저하 등으로 인해 급격한 변화를 맞고 있다. 서울삼양초 역시 5년 전에는 6학년이 10학급으로 운영되다가 최근에는 5학급으로 줄어들었다. 이로 인해 빈 교실들이 생기면서 새롭게 공간을 만들 수 있는 여지가 많아졌다. 이런 변화에 능동적으로 대처하면서 도서실의 여백을 마련할 수 있게 되었다.

특히, 서울삼양초 도서실이 학생들에게 인기가 많은 이유는 도서실 곳곳에 아기자기하게 인형들과 소파 등을 잘 갖추고 있기 때문이다. 도서실이라는 공간이 독서에 더해 편안하고 친근하게 머물 수 있는 공간의 역할까지 겸할 수 있게 탈바꿈한 것이다. 학생들은 이곳에서 책만 읽는 게 아니라 편안하게 누워서 휴식을 취하기도 한다. 이곳 도서실은 책과 친숙해질 수 있는 환경이 만들어져서 개인적으로도 참 좋아하는 공간이다.

공간을 바꾼 후에 학생들에게 큰 변화가 일어났다. 이전엔 '도서실 가자.' 그러면 '아, 또 가요?'라는 식의 소극적 반응이 많았는데 지금은 도서실 선호도가 높아졌다. 학생들은 이 공간에서 물론 책도 읽지만 카페에 온 것 같고 존중받고 있는 느낌이 든다고 한다. 그래서 오히려 책을 더 많이 읽게 되었고, 도서실 곳곳에서 자유롭게 책 읽는 것이 새로운 취미가 되었다고 한다.

작은 것부터 바꿔 나가는 학교 공간의 변화

도서실의 변화는 공간이 주는 여러 가지 의미 중에서 행동 규범이 진짜 달라질 수 있는 전형적인 사례이다. 누군가는 바깥 풍경을 보면서 기대서 책을 읽을 수 있고, 책과 거리가 멀었던 친구들도 '와, 나 이렇게 책 읽으니까 되게 좋다'고 느끼고, '책을 읽는다는 게 참 멋진 일이구나. 기분이 좋다'라고 생각하게 된다. 아이들의 변화를 보면서 익숙했던 우리 교실, 학교 공간들을 관심을 갖고 조금씩 손을 보면 이렇게 달라질 수 있구나라는 사실을 절감했다.

요즘 학교를 두고 그 모습이 근대 감옥의 모습과 비슷하다는 푸코의 이야기가 회자되고 있다. 심지어 감옥 설계 건축 비용보다 학교 건축 비용이 적다는 충격적인 발표도 있었다. 일련의 논의들은 새로운 변화를 위해서 아주 중요한 자극을 건네준다. 학교 공간이 과연 어떠해야 하는지를 제대로 살펴볼 수 있는 계기가 되기 때문이다. 그렇다면 학교 공간은 어떤 모습이면 좋을까?

무엇보다 학교 공간이 학생들의 활기찬 에너지처럼 살아 있는 공간이 되려면 익숙한 공간을 새롭게 보는 것부터 시작하면 좋겠다. 우선 교실

서울삼양초등학교 옥상을 올라가는 계단. 이 공간은 학생들이 1년여 동안 직접 참여 디자인 수업을 통해 만들었다. 전망이 잘 보이는 창을 보면서 쉬어 가는 쉼터로, 또 벽면에 자유롭게 글과 그림을 그릴 수 있는 벽을 마련하여 다채롭게 활용하고 있다.

과 복도라는 공간을 다시 생각해 보길 권하고 싶다. 흔히 학생들에게 복도에서는 뛰지 말라고 이야기한다. 안전사고가 나거나 위험한 상황이 생길 수 있기 때문인데, 거꾸로 생각해 보면 복도, 그 뻥 뚫린 공간을 보고 질주 본능을 일으킨다는 것은 역설적으로 학생들이 대단히 건강하다는 증거이다. 게다가 일자형 복도를 볼 수 있는 곳은 사실 서대문 형무소나 역사관 같은 곳이 아닌가. 그러니 무조건 뛰지 말라고 제한할 것이 아니라 복도라는 공간을 우리가 어떻게 새롭게 모색할 수 있을지 고민해 보면 좋겠다.

그런 변화가 반영되어서 최근에는 일자형 복도에 유쾌한 변화가 생겼다. 물론 지금도 학교에는 일자형 복도가 많고, 일자형 복도가 무조건 나쁘다는 것도 아니다. 하지만 새롭게 설계하거나 공간 구획을 할 때 약간의 변화를 준다면 아이들도 훨씬 더 흥미로워할 것이다. 이런 점에서 학교 복도나 교실에 소파를 하나 가져다 두는 것을 추천한다. 소파 하나에도 복도나 교실 공간이 달라질 수 있다. 복도에 소파를 놓은 후에 그곳이 동네 사랑방처럼 아이들로 북적였다. 학생들은 소파에 걸터앉아 쉬면서, 이야기하면서 복도 공간을 새롭게 이용하였다. 이제 복도는 쉼터이자 정보 나눔터로 많은 학생들의 사랑을 받고 있다.

요즘 관심 있는 것은 물리적 공간뿐만 아니라 그 공간에 있는, 그러니까 저기 복도에 있는 소파라든가, 교실에서 흔히 마주하는 책걸상, 그리고 학용품들의 안전 문제이다. 얼마 전 체육 시간에 즐겨 사용하는 농구공의 마감재질에 중금속 카드뮴 성분들이 많아서 큰 문제가 되었다. 이제 학교 공간 혁신에서 비단 물리적 공간의 변화만이 아니라 아이들이 진짜 마주하는 생활 문화 전반의 변화도 모색해 보면 좋겠다. 우리나라가 점점 더 좋은 사회로 바뀌고 있다는 걸 체감하는 데에는 이런 변화가 아주 중요하다.

필자 역시 예전에는 특정 학교 공간이 달라지는 과정, 외적 공간의 변화에 주목을 했었다. 이제는 그것에 앞서 먼저 따져 볼 것들이 많다는 생각을 하게 되었다. 페인트를 고르고 벽지를 바를 때 친환경 제품인지를 확인하는 등 세심한 관심들이 어우러지고, 그런 사항을 선택하는 과정에 학생들이 같이 참여할 수 있는 방법을 모색해 보면 좋겠다.

서울삼양초등학교 6학년 4반 교실. 교실에 소파 하나를 가져다 두었을 뿐인데 교실에 큰 변화가 일어났다. 아이들이 이 소파를 다양하게 활용하면서 교실 공간의 다채로운 변주가 이어지고 생활 속 활력이 되고 있다. 교실 뒤판에는 거꾸로 된 세계지도를 붙여 아이들이 드넓은 세상을 새로운 시각으로 살필 수 있게 안내하였다.

사회적 상상력으로 만들어 가는 학교 공간 혁신

"우리가 어떤 공간에서 같이 교육을 받느냐?" 형식(공간)이 내용을 지배한다고 한다. 어떤 공간에 놓여 있느냐에 따라서 심리적 안정감과 정서적·사회적 관계들이 달라질 수 있다는 점이 주목받으면서 학교 공간에 대한 관심이 더 높아지고 있다.

실제로 필자가 요즘 학생들과 만나면서 가장 많이 하고 있는 것이 교실 안에서의 변주다. 사회적 상상력을 키워 가는 것인데, 이를 잘 구현

서울삼양초등학교 뒤뜰. 이 공간 역시 학생들이 직접 참여 디자인을 했다. 삼각산 모양으로 벤치를 설계하고, 기다란 나무 의자를 만들어서 뒤뜰에 있는 숲을 살필 수 있는 장소로 거듭났다.

할 수 있는 것이 바로 세계지도다. 우리는 세계지도 하면 한반도가 가운데 있는 지도를 떠올린다. 그런데 세계지도의 베스트셀러는 오스트레일리아에서 만든 지도다. 왜일까. 세계 모든 나라의 지도는 그 지도를 발행한 나라가 가운데 자리 잡고 있다. 그러니 오스트레일리아에서 만든 지도는 우리 눈에는 거꾸로 된 것처럼 보인다. 왜냐하면 남반구와 북반구의 위치가 우리 지도와 다르게 보이니까. 하지만 이 지도는 거꾸로 된 게 아니라 지구가 자전, 공전을 하기 때문에 시시각각 변하는 모습을 반영한 것이다.

학교라는 공간도 마찬가지다. 전국에서 다 똑같은 크기로 교실이나 학교 규격을 정할 것이 아니라, 지역의 특성에 맞게끔 경사가 있으면 경사가 있는 대로, 산림과 수풀이 많으면 많은 대로 잘 포착해서 공간을 만들면 훨씬 더 매력적인 장소가 될 수 있다. 더 나아가 아이들이 '우리는 이런 교실, 이런 복도, 이런 운동장, 이런 놀이터가 좋겠어요'라고 제안을 하고, 그 의견을 반영해 만든다면 여태까지 기성세대가 인지하지 못했던 새로운 학교 공간과 마주할 수 있을 것이다.

스스로 꿈을 키우는 놀이 공간

김태구(청원초등학교 교사)

우리나라 전국의 놀이터는 70,601개이다. 이 중 학교놀이터의 수는 6,315개로 전체 놀이터의 10%에도 미치지 못한다. 학교놀이터는 보통 운동장 한곳에 위치하고 있어서 학생들의 접근성이 떨어지며, 주로 미끄럼틀, 철봉, 시소, 정글짐, 그네 등 관리 편의성을 고려한 1~2개의 스테인리스 재질의 기구나 조합놀이대 1대가 설치되어 있을 뿐이다. _행정안전부, 2017

2017년 10월, 서울시교육청(교육감 조희연)에서는 「초 1, 2 안정과 성장 맞춤 교육과정 운영」의 일환으로 '아이들이 놀러 오는 놀이터 만들기' 시범 사업을 추진하였다. 이 시범 사업의 위원장을 맡았던 놀이터 디자이너 편해문 위원장은 "놀이터는 놀이터를 이용하는 아이들이 놀이터 만들기 과정에 적극적으로 참여해야 아이들이 놀고 싶은 공간으로의 변신이 가능하다"고 말하며 학생 참여형 놀이터를 기획하였다. 아이들의 놀 권리와 쉴 권리를 보장하는, 학생 참여형 새로운 개념의 학교놀이터인 '꿈을 담은 놀이터'를 조성하여 운영하고 있는 서울신현초등학교(교장 유정원)를 찾아가 보았다.

놀이의 주인공은 우리 – 놀이터가 완성되기까지

우리 주변의 놀이터로는 학교 밖 공원이나 주거 공간 가까이 있는 놀이터 그리고 학교놀이터가 있다. 학교 바깥의 놀이터는 어린이들이 원하는 시간에 아무 때나 이용할 수 있지만, 학교놀이터는 이용할 때 시간과 공간의 제약이 있는 편이다. 또한 놀이터를 구성하는 대부분의 놀이기구는 경쟁과 갈등을 유발하는 요소가 많고, 철저하게 어른들의 관점에서 만들어져서 획일적이다. 이런 점을 극복하고자 신현초에서는 꿈을 담은 놀이터의 기획부터 마무리 단계까지의 전 과정에 학생들의 의견을 반영함으로써 놀이터를 직접 이용하는 학생들이 주인이 되도록 하였다.

하얀 세상. 어린이들이 '하얀 세상' 모래 놀이터에서 모래를 만지며 놀고 있다.

추억 놀이터. 새로운 모습의 놀이터만 있는 것이 아니라 기존의 놀이터인 '추억 놀이터'도
함께 있는 모습이다.

　　신현초는 놀이터를 만들기 위한 시작 단계로 놀이터의 주인인 어린이
들을 대상으로 워크숍을 실시하였다. 이 워크숍에는 1학년부터 5학년
어린이 중 희망자 25명이 참여하였다. 워크숍은 1) 워크숍 준비, 2) 놀이
터 디자인과 설계에 대한 소개, 3) 도담뜰 현장 조사, 4) 팀별 토론, 5)
팀별 모형 만들기, 6) 팀별 모형 소개하기, 7) 사후 놀이 활동 순으로 진
행되었다. 어린이들은 자신들이 이용할 놀이 기구를 상상하고 자유롭게
의견을 내었다. 단순하게 종이에 그림을 그리는 것을 넘어서 다양한 재
료로 모형을 만들어 보면서 적극적인 몸의 움직임을 생각하여 놀이터를
구체화시켰다. 어린이들은 여러 가지 활동을 하면서 놀이 공간을 스스
로 만들어 나갈 수도 있음을 알게 되었고, 즐거움을 느꼈다.

　　학생들의 워크숍 이후 교사준비위원회를 조직해 학교놀이터 디자인에
대한 의견을 수렴하였다. 교사들의 의견을 반영한 놀이터 디자인은 다

시 학생들의 의견을 반영해 최종 디자인이 완성되었다. 기본적인 디자인이 끝난 후에는 구체적인 놀이터 조성 공사 과정에 대한 어린이 감리단이 조직되었다. 어린이 감리단은 시공된 놀이터에서 직접 놀아 보며 완공되기 전 개선 사항을 파악하는 것을 목적으로 하였다. 2018년 4월부터 시작해 자신들이 이용할 놀이터를 만들어 나가는 전 과정을 점검하였다. 또 어린이 감리단은 자신들이 생각하였던 놀이터가 실제 시공되고 있는지를 확인하고, 완공 전 놀이터에서 발생할 수 있는 안전 문제도 미리 알아보는 역할을 수행하였다.

아이들은 놀이터를 상상하고, 디자인하고, 그 과정에서 의견을 내고, 만들어지는 전체 과정에 참여하면서 즐겁게 놀이할 수 있다는 희망을

바람의 언덕. 3개의 모래 언덕으로 조성된 '바람의 언덕'은 어린이들이 놀면서 모래 언덕의 모양이 바뀌어 간다. 어린이들이 직접 지은 '바람의 언덕'이라는 이름이 인상적이다.

트리하우스. 연못 위에 만들어진 나무와 어우러진 놀이 공간이다.

키워 나갔다. 같은 해 7월, 드디어 바람의 언덕, 레인보우 놀이터, 시끌벅적 놀이상자, 트리하우스, 하얀 세상, 추억 놀이터 등 지금의 놀이터가 완성되었다.

꿈을 담은 놀이터 개장

2018년 7월, 드디어 서울특별시교육청 1호 '꿈을 담은 놀이터'(이하 꿈 담터)가 생겼다. 어느 학교에나 있는 놀이터인데 무엇이 특별하기에 꿈을 담았다고 표현한 것일까?

서울신현초등학교를 처음 방문하면 눈에 띄는 것이 운동장 한편에 있는 3개의 거대한 모래 동산이다. '지금 운동장 공사 중인가?' 하는 생각이 들기도 하지만, 아이들이 뛰어노는 모습을 보고 있으면 어릴 적 추억이 떠오르는 언덕이다. 혹시 무너지지 않을까 걱정스러워 직접 올라가 보았다. 생각보다 단단했다. '이 놀이터는 어떻게 노는 것일까?' 궁금증이 생겼다.

신현초 임규식 교감은 "'꿈담터'는 아이들이 사용 규칙을 만들었어요. 스스로 만든 규칙이라 정말 잘 지킵니다"라고 이야기해 주었다. 놀이터의 이름들도 아이들이 지었고, 놀이터를 이용하는 규칙도 스스로 만들었다. 그야말로 아이들이 만들고, 아이들이 이용하는, 아이들이 주인인 놀이터였다.

학교 건물 사이 공간의 바닥에는 알록달록한 그림이 그려져 있었다. 명절에나 하던 윷놀이를 확대해 놓은 것 같은 그림인데 놀이 방법을 알수가 없었다. 임 교감은 이 공간은 '레인보우 놀이터'인데, "기본적인 방향만 설정되어 있을 뿐 놀이를 할 때마다 아이들이 스스로 규칙을 만들며 창의적인 놀이를 하는 놀이터"라고 설명하였다.

'꿈담터'를 개장한 후 신현초의 놀이 시간은 기존의 10분에서 20분이 늘어나 30분이 되었다. 어린이들이 놀이 공간을 마음껏 활용하며 학교에서 즐거움을 느끼라는 취지이다. 학교에서는 저학년은 중간놀이 시간을, 고학년은 점심시간을 늘려 한꺼번에 너무 많은 학생들이 몰리는 것을 예방하였고 학생들은 편안하고 자유로운 놀이 시간을 즐기고 있었다.

어린이의 권리-쉼과 놀이

어린이는 친구와 어울리며 놀이할 수 있는 시간과 공간을 제공받을 때 건강하게 성장할 수 있다. 이에 따라 유엔아동권리협약에는 어린이의 놀이가 '어린이의 기본 권리'라고 명시되어 있다. 또 세계아동헌장 제25조에 따르면 모든 학교는 놀이터를 제공해야 한다. 우리나라에서도 2015년 5월, 「어린이 놀이헌장」을 선포하고 어린이의 놀 권리를 존중, 이에 필요한 놀이터와 시간을 제공해 줄 것을 선언하였다.

근현대적인 '학교'가 생기고 나서 아주 오랫동안 학교에서의 쉬는 시간은 10분으로 고정되어 왔다. 그런데 최근에는 신현초와 같이 놀이의 중요성을 인식해 이 10분을 '중간놀이' 30분으로 늘리는 학교들이 많이 생겨나고 있다. 학생들이 교실에서 놀이터까지 가는 데 시간적, 공간적 어려움이 있을 때는 교실에서 실내놀이를 하는 경우가 많다. 그러나 신현초 '꿈담터'는 학교 곳곳을 놀이 공간으로 조성함으로써 10분이든 30분이든 언제든지 시간만 나면 이용할 수 있는 공간적 이점이 있었다.

고정된 규칙이 있는 공간이 아니라 놀이 방향만 정해 놓고 놀기 전에 자유롭게 규칙을 정하는 것이 특징이다.

'꿈담터'는 기존의 기구 중심 놀이터에서 벗어나 어린이 중심으로 만든 창의적인 놀이터이다. 학교가 배움의 공간이라고 해서 교과서만 들여다보고 지식만 익히는 시대는 지났다. 신현초의 놀이터는 공간을 제공하면서 구체적인 놀이의 규칙까지 정해 주지는 않았다. 이는 스스로 규칙을 만들면서 창의성이 길러지고 친구들과 함께 놀이 전 과정을 어떻게 할지 토의하며 협동심이 신장되는 효과도 있다.

'꿈담터'가 개장되고서 신현초 학생들은 방과 후에도 학교에 남아 노는 것을 즐긴다고 한다. 요즘처럼 '쉼'과 '놀이'가 중요해진 시기에는 어린이들이 학교에서부터 놀 권리를 보장받아야 한다. 놀이는 무엇을 하기 위한 수단이 아니다. 놀이 시간이 그저 쉬고 즐기면서 어린이답게 웃을 수 있는 시간이 되기를 바란다. '꿈을 담은 놀이터'에서 어린이들이 자유롭게 쉬고 뛰어놀며 스스로 꿈을 잘 키워 나가기를 기대한다.

성장의 밑거름은 공간의 혁신

정수진(서울대도초등학교 교사)

봄꽃들이 활짝 핀 정원을 따라 서울하늘숲초등학교로 올라갔다. 아름다운 산책길 때문인지 하교하는 저학년 학생들의 표정이 유난히 맑고 순수해 보였다. 교문을 들어서자 고학년 학생들이 즐거운 표정으로 운동장 옆 보도에 그려진 달팽이놀이 그림을 따라 활발하게 움직이며 체육 시간을 즐기고 있었다. 교무실로 들어서자 최미영 교무부장님이 반갑게 맞이하며 교직원 휴게실로 안내해 주었다.

교무실 바로 옆에 마련되어 있는 교무 행정실 및 교직원 휴게실은 그야말로 딴 세상이었다. 이곳이 학교인지 카페인지 구분이 되지 않을 정도로 바닥, 조명, 공간 구조가 일반적으로 생각하는 학교와는 확연한 차이가 있었다.

최미영 교사는 혁신학교는 소통이 굉장히 중요하기 때문에 이 공간을 지키려고 애썼는데 그만큼 나눔, 소통을 중시한 결과라고 하였다.

아늑하고 편안한 이 공간에서 최미영 선생님(교무부장, 이하 최 교사), 윤세미 선생님(1학년 학급 담임, 이하 윤 교사)과 공간 혁신과 수업 혁신, 그리고 성장에 대한 인터뷰를 진행하였다.

서울하늘숲초등학교로 가는 길 전경

체육 시간에 놀이 공간을 이용하는 학생들의 모습

열림과 소통의 교직원 휴게실

교육 구성원들이 참여한 공간 구성과 설계

학교시설환경개선사업 추진 방침에 따르면, 학교는 혁신할 공간을 선정해 교사와 학생, 학부모가 참여할 수 있는 설계 방안을 기획·운영하는 등 교육과정과 학교 공간 구성 연계 방안을 마련한다고 한다.

"서울하늘숲초등학교가 개교했을 때 교사와 학생, 학부모는 어떻게 참여하였나요?"

최 교사는 서울하늘숲초등학교는 2017년 설계가 나왔고 2018년 5월 교육공간혁신사업인 '꿈을 담은 교실'로 지정되었다고 말문을 열었다. 그 후 2019년 개교 이전까지 건축가, 시공사, 교육청, 개교 학교를 준비하는 교원학습공동체 교사, 이전에 꿈담학교를 해 본 교사, 학부모, 행정실장이 참석하여 학교 공간 구성에 대한 TF팀 회의를 5~8월에 걸쳐 4회 실시했다고 한다. 그 과정에서 교원학습공동체가 모이는 날 꿈담 디자이너, 담당자 등이 참석해 학생 책상 등을 어떻게 하는 것이 좋을지 함께 의논했는데, 이미 나와 있던 기본 설계에 바닥, 운동장으로의 접근성 등은 고려되어 있지 않아서 이런 점을 바꾸는 것에는 한계점도 있었다고 한다.

"공간 구성에서 학생들의 의견이 반영된 부분이 있었나요?"

최 교사는 어떤 학생들이 이 학교에 올지 결정되지 않았던 상태라 이 학교에 실제 다닐 학생들의 의견 반영은 힘들었다고 이야기했다. 대신 인근 지역인 천왕초에 다니는 아이들도 하늘숲초로 오게 될 학군이어서 천왕초 5·6학년 2~3개 반을 대상으로 도서실, 교실, 식당, 복도 등을 만든다면 어떻게 바꾸고 싶은지 아이들의 의견을 모아 보았다고 한다. 천왕초는 학생 수가 1,500명인데, 학교가 굉장히 좁아서 운동장, 식당을 넓게 해 달라는 의견이 가장 많았고 TF팀 회의 때 이 의견을 제시했다고 한다.

한편, 교사들의 의견은 저·중·고학년 발달 특성에 맞게 디자인이나 설계를 해 달라는 의견이 많았고 그것이 반영되었다고 답해 주었다.

성장과 교육과정에 맞는 교실-맨발 교실

최 교사는 학교 공간을 설계할 때 아이들의 성장과 발달에 맞는 교실을 목적으로 1~3학년은 교실 안정과 놀이 중심의 교실, 4~5학년은 협력을 배울 수 있는 사회적 교실, 6학년은 개별성과 자율성이 존중되는 민주적 교실로 설계했다는 설명을 들려주었다.

1층 현관 신발장

교실 앞 복도 신발장

또 하나 특별한 점은 1~6학년 모든 학생들이 교실에 실내화를 신지 않고 들어가는 맨발 구조였다. 학생들은 1층 신발장에서 운동화를 실내화로 갈아 신고, 실내화를 교실 앞에서 벗고 교실로 들어갔다.

윤 교사는 아이들의 성장과 발달에 맞는 1학년 교실에 대해 좀 더 자세하게 설명해 주었다. 맨발 교실 덕분에 아이들이 심리적으로 안정된 상태에서 방에서처럼 왔다 갔다 편하게 활동하고 있다고 한다. 또한 바닥을 사용하게 되면 다양하고 자유로운 신체활동과 활동적인 수업이 가능하고 중간놀이 등의 시간에 자기 집처럼 쉴 수 있어서, 학생의 만족도도 높다고 한다. 1층 6개 반의 경우 교실 바닥 난방까지 되었는데, 온풍기를 사용하는 것보다 훨씬 난방효과가 좋고 아이들이 실내화를 신고 들어오지 않기 때문에 큰 먼지가 생기지 않아 쾌적하다고 한다.

고학년 학생들의 사회성과 창의성을 기르는 놀이 공간인 창가 변형 공간

성장과 교육과정에 맞는 교실-고학년 이형 교실

최 교사를 따라 4학년 교실을 둘러보았다. 기존 교실과 확연히 다른 점은 마치 베란다를 확장시킨 듯한 창가였다. 낮은 다락방 같기도 하고 카페의 창가 자리 같기도 한 이곳은 아이들이 교실에서 가장 좋아하는 공간이라고 한다. 아이들이 이곳을 주로 휴식 공간으로 사용하면서, 같은 공간을 쓰는 친구들끼리 배려하고 타협하는 사회적 기술을 자연스럽게 익힐 수 있겠다는 생각이 들었다. 교실 안에 빈백 소파가 있다니 정말 놀라웠다. 빈백에 앉아 편안하게 독서를 하고 친구들과 고민을 나누는 아이들에게는 학교가 휴식 공간으로 친근하게 다가올 것만 같았다.

교실을 구경시켜 준 4학년 담임선생님은 이 공간이 놀이, 휴식 공간 외에도 발표 무대로서 아이들이 수업 중에 주목하고 주목받는 공간이 되곤 한다고 이야기해 주었다. 이 무대 위에서 역할극을 하고, 연극을 보듯 역할극을 관람하는 학생들을 상상하니 아이들의 창의성을 키우는 공간의 역할도 하겠다는 생각이 들었다.

공간을 수업에 활용하는 방법
-우리 교실의 얼굴과 소통의 공간인 복도 중간 벽체

이 학교의 모든 교실에는 앞뒤의 통유리 출입문과 원색의 중간 벽체가 설치되어 있어 학교의 공간 자체가 생생하고 학급만의 특성이 드러났다. 교실을 우리 집, 우리 얼굴이라고 생각하며, 반마다 출입문의 색이 다르고 복도마다 색깔을 다르게 설정했다고 한다. 보통 학교 복도에서는

교실 출입문 및 작품 게시

학생들이 뛰어다니는 것이 문제가 되곤 하는데, 복도 공간이 작품을 전시하고 이를 관람하는 곳으로 바뀌면서 학생들의 복도 공간에 대한 개념이 바뀌었다고 한다. 실제로 변화된 공간의 역할이 학생 생활에 미치는 영향도 크다고 한다. 또한 전시 공간 역할을 할 수 있는 공간을 만들어 줌으로써 다른 학급이나 학년의 결과물을 관찰하고, 적극적으로 소통하며 활용할 수 있는 열린 공간이 되었다고 한다.

윤 교사는 중간 벽체가 있는 복도 공간은 자기 반 작품을 게시하는 역할도 있지만, 다른 학년, 다른 학급의 결과물을 지나가면서 부담스럽지 않게 볼 수 있는 역할도 한다고 설명했다. 특히 1학년 학생들은 지나가면서 다른 학년의 결과물을 유심히, 재밌어하면서 관찰한다고 한다. 무엇보다 모든 사람에게 열려 있는 복도에 작품을 게시함으로써 아이들에게 소통할 수 있는 열린 공간이 되었다는 이야기도 해 주었다. 게다가 아이들이 복도에 게시할 결과물에 더 신경을 써서 작품의 질이 더 좋아졌다고 한다.

공간의 변화로 생긴 수업의 변화
-열린 사고와 수업의 흐름을 이동시키는 앞뒤 방향성이 없는 교실

이 학교는 설계 시작부터 교실의 앞면만 보고 수업을 하게 되는 전면성을 탈피해 교실의 3면을 모두 활용할 수 있도록 설계하였다. 1학년 교실에 들어서자 전면 칠판이 다른 학교에 비해 높이가 낮아 저학년 학생에게 적합해 보였고, 측면에도 화이트보드가 설치되어 있었다. 뒤의 칠판은 자석 교구 등을 가지고 노는 놀이 공간으로 주로 활용되고, 뒤쪽

칠판 주변에는 책을 전시하고 가져다 볼 수 있는 환경이 조성되어 있었다. 또한 뒤쪽 작품 게시판은 타공판으로 제작되어 작품의 탈부착과 위치 이동, 크기 변경 등을 손쉽게 할 수 있었다.

"실제로 수업에 공간을 어떻게 활용하고 있나요?"

윤 교사는 공간을 사용하면서 가장 의미가 있다고 생각했던 부분은 교육활동의 주도권이 교사에서 학생으로 이동했다는 점이라고 힘주어 이야기하였다. 일반적으로 수업을 할 때 교실의 앞을 보고 하는데 하늘숲초 교실에는 전면, 측면, 후면에까지 칠판이 있어, 활동을 할 때 방향이 달라지는 것만으로도 그 순간 수업의 흐름이 이동한다고 한다. 윤 교사는 옆과 뒤에 칠판이 생겼을 뿐인데 교실 구조가 흐름을 만드는 데 큰 역할을 한다는 느낌이 들었다고 덧붙였다. 그리고 학생들이 쉴 수 있는 공간을 마련한 것을 넘어서 그 안에서 열린 사고가 가능해지고 학습의 주도권이 이양된다는 것은 단순히 창의성이나 리더십이 향상되는 것을 뛰어넘는 교육적 효과가 있을 것이라고 강조하였다.

또한 앞에 있는 칠판은 교사가 제시하고 주도를 한다면, 양 옆에 있는 칠판은 학생들 것이라는 인식이 있다고 한다. 수업시간에는 주로 육각형 자석 칠판에 개인 활동 결과물을 표현하고 옆의 칠판에 모든 학생들이 결과물을 부착하면서 모든 학생들이 더욱 능동적으로 수업에 참여하게 된다는 것이다. 이러한 교실 공간의 변화를 통해 칠판은 선생님만 사용하는 것이라는 인식이 깨졌으며, 학생들이 앞의 칠판에 나와서 발표하는 것은 부담스러워하는 반면에 측면 칠판으로 나와서 학습 활동을 진행하는 것에는 전혀 부담을 느끼지 않는다고 한다.

"학생이 교실 정면에 나와서 발표할 때는 구체적으로 어떤 모습인가요?"

1학년 교실 전면과 측면

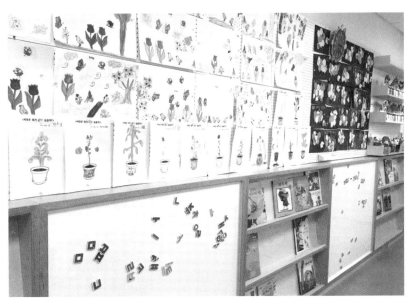

1학년 교실 후면

측면 칠판을 활용한 곧은 선 그리기 활동

입체 작품 전시 및 구조의 변형이 가능한 후면 타공판

이렇게 묻자, 윤 교사가 바퀴 달린 낮은 이동식 수납함을 보여 주었다. 앞에 서서 발표하는 것을 부끄러워하는 경우 그 수납함 위에 앉아 옹기종기 모여서 편안한 분위기에서 발표하게 된다며 아주 작은 부분이지만 교사와 학생의 만족도가 높다고 한다. 또 다른 반에서는 이 수납함을 길게 연결해서 무대로 활용하기도 한다고 했다.

최 교사는 고학년이 사용하는 이동형 가구는 높이가 조금 더 높은데, 발표 중심 활동이 많아서 사회를 볼 때 사용하는 사회대로 활용성이 높다고 설명했다.

윤 교사는 동학년 수업을 의논할 때도 "아 그건 이쪽 칠판에 쓰자, 이 자료는 뒤에 있는 칠판을 활용하자." 등 훨씬 더 다양한 수업 이야기와 협의가 가능하다고 덧붙였다.

수업의 혁신 그리고 성장

윤 교사는 각각 다른 학교에서 1학년을 3년째 해 보았는데, 하늘숲초는 학교 자체가 예쁘고 컬러감도 있어서 똑같은 활동을 하더라도 이 학교의 교실 공간이 주는 아늑함이 있다고 했다.

"공간의 혁신이 수업의 혁신이나 성장에 어떤 영향을 끼치나요?"

이 질문에는 확실히 다른 게 있는데, 수업의 흐름이 열려 있는 공간인 이런 환경에서 6년을 경험한 학생은 그렇지 않은 학생들과 확실히 다를 것이라고 힘주어 이야기한다.

윤 교사는 자신도 이런 학교를 경험하지 않았으면 몰랐을 것이라며, 공간이 주는 역할이 무엇인지에 대해 문제의식을 갖는 교사는 별로 없을 텐데 달라진 환경에서 경험을 해 보니까 공간이 주는 힘을 몰랐을 때의 나와 지금의 나는 확실히 다른 걸 느낀다고 한다. 그리고 예전의 문제의식이 없었던 상태로 돌아가고 싶지 않다며, 공간이 주는 힘, 그것에 대한 고마움을 이미 경험했다면 그때부터 성장이 시작된 것이라고 강조했다. 윤 교사는 고민거리, 공간의 영향력을 바라볼 수 있는 시각이 생긴 것 자체가 수동성을 탈피했다는 의미이며, 교사가 그 정도라면 훨씬 민감한 아이들은 그 이상의 성장을 보장받지 않을까 생각한다고 했다.

최 교사는 덧붙여서, 디자이너들이 TF팀 회의에 들어갔을 때 교사의 의견을 매우 존중해 주었다고 했다. 교사와 학생의 필요에 맞게 공간들이 배치되고 그런 느낌을 주는 의무교육 공간에 내가 있다는 점, 안락하고 쾌적한 공간에 대한 자부심을 갖는 것은 공교육에 대한 긍정적인 믿음을 갖게 할 것이라며 의미 있는 말을 던졌다.

윤 교사는 상기된 표정으로 이렇게 이야기했다.

"학교에 있으면 기분이 너무 좋아요. 하얀색에 분홍색 커버가 씌워진 느낌, 보기에도 너무 예쁜 책상, 수납장이 다 짜여 있고, 정돈된 느낌… 아이들이 하교하고 나서 그 공간에 교사가 혼자 있더라도 업무에 집중이 잘되고 정서적으로 안정돼요."

학교 구성원이 이만큼 학교에 애정을 가질 수 있다는 점만 보더라도 공간이 교육 구성원의 성장에 엄청난 영향력을 행사하고 있음을 명확히 보여 준다.

학교 공간에서 벗어나 마지막으로 간 곳은 일주일 전에 완료되었다는 통학로였다. 이 통학로를 건너면, 학교 맞은편 아파트 단지에서 천왕2생태터널인 6차선 차도를 건너지 않고 학교로 안전하게 등교할 수 있는 구조였다. 따뜻한 봄날 푸르른 나무들로 둘러싸인 천왕산 숲길이 매일 걷는 등굣길이라니 하늘숲초 학생들은 맑은 심성과 정서를 지닐 수밖에 없겠다는 생각이 들었다.

천왕산 숲길과 연결된 학교 앞 안전 통학로

학교로 가는 숲길

교육 구성원들의 의견이 반영된 학교 공간의 재구성과 공간에 대한 인식의 전환, 열린 사고, 문제의 인식과 수업의 혁신 등 공간이 성장에 미치는 영향은 실로 막대했다. 부디 서울 지역의 다른 학교에도 공간 혁신이 확산될 수 있기를 바란다.

다른 시선으로 본 교육 공간, 혁신의 씨앗을 품다

김소영(덕성여자고등학교 교사)

바야흐로 혁신의 시대다. 생각해 보자. 작고 네모난 기계 하나로 우리의 생활 전반이 이전과는 너무나도 달라지지 않았는가. 웹서핑을 하며 길을 거니는 모습을 누가 상상이나 했겠으며, 이렇게 쉽게 허물어진 시공간의 경계를 생각이나 할 수 있었겠는가. 이렇듯 우리 주변에서 손쉽게 얻을 수 있는 사물들의 변화가 우리 생활 전반에 혁신을 낳고 있다. 그리고 이러한 혁신의 물결은 비단 우리네 삶뿐만 아니라 견고한 교육계에도 영향을 미치고 있다.

사실 우리 교육계가 변화와 혁신을 꿈꾼다는 것에 대해 많은 사람들이 의구심을 품을 것이다. 아이 입학식에 가 보면 여전히 변화 없는 네모난 교실이 학교를 가득 차지하고 있고, 심지어 내가 학교 다닐 때 계시던 선생님이 지금도 교편을 잡고 있는 모습을 본다. 이런 판에 언론에서는 여전히 대입에 종속된 공교육을 말하며 교육이 흔들리고 있다고 보도한다. 결국 교육계 밖에서 교육을 바라보는 사람들은, 이렇게 세상은 급변하는데 교육은 그 자리에 있으니 예나 지금이나 교육이 문제라고 생각하게 되는 것이다. 하지만 교육계 내부에서는 시대에 발맞춘 변화와 혁신의 물꼬를 열기 위해 참 많은 고민과 움직임이 진행 중이다.

배움의 넓이와 깊이를 시대의 요청에 맞게 획정하는 교육과정을 지속적으로 개정함으로써 교육 내용의 변화만을 꿈꾸는 것이 아니다. 교수·학습 방법의 혁신에 대한 고민도 깊어, 소위 거꾸로 교실이라고도 불리는 플립러닝Flipped Learning이 학교현장에 도입·실천되는 모습도 드물지 않게 확인할 수 있다. 그런데 소프트웨어를 아무리 발전시킨다 한들 하드웨어의 변화 없이는 본질적인 혁신을 일궈 내기가 어렵다. 이러한 맥락에서일까? 수업의 혁신이 학교현장에 자리 잡아 가면서 뒤이어 교육계에 요청된 혁신의 방향성은 학교 공간으로 향했다. 아무리 교수·학습 방법을 개선한다고 하더라도 19세기 건물의 한계는 교육혁신의 방향을 가로막았던 셈이다.

그러나 아무리 혁신의 시대라 하여도 교육혁신을 위해서 기존에 만들어진 학교 건물을 모두 재건축하자고 외칠 수도 없는 노릇이다. 그렇다면 우리는 어떻게 해야 하는가. 바로 여기, 녹천중학교(교장 손원석)에서 그 질문에 대한 실마리를 얻을 수 있었다.

공간 혁신의 시작은 소통과 나눔에서, '소나방'의 시작

장면 하나. 넓은 교무실이 펼쳐져 있다. 이곳에는 비밀이라곤 존재할 수 없다. 하필이면 사춘기 예민한 감성의 학생들과 조심스러운 상담을 진행해야 하는데 도무지 학교에는 아이들과 선생님이 깊이 있는 이야기를 나눌 수 있는 공간이 없다. 그래서인지 교무실에 온 아이들은 속에 담아 둔 이야기를 다 꺼내질 않는다.

장면 둘. 오늘도 아이들은 아픈 마음을 달래기 위해 교사를 찾아온다. 삶에 지친 아이들의 마음을 위로해 주노라면 교사의 마음도 소진되기 마련이다. 이런 날은 꼭 수업도 많고 처리해야 할 행정 업무도 많다. 이리 치이고 저리 치인 채로 교무실 의자에 주저앉는다. 수업을 알리는 종이 울린다. 학교에는 교사의 다친 심신을 위로하고 재충전할 따스한 공간이 없다. 지친 교사는 또 그렇게 수업에서 자신을 쥐어짜기만 한다. 그렇게 하루하루 교사는 소진되어만 간다.

녹천중학교의 손원석 교장 선생님은 기존의 학교 공간에 대해 많은 질문을 품고 있었다. 위에 제시된 두 개의 장면 역시 교장 선생님이 질

각종 협의회나 교원학습공동체를 운영할 수 있도록 소나방 한쪽에 넓은 테이블을 배치했다. 눈치 볼 필요 없이 서로의 생각을 편하게 나눌 수 있는 분위기가 조성되어 있다.

다과와 함께 도란도란 이야기를 나눌 수 있는 공간도 소나방에 마련되어 있다.

또한 소나방은 교내 작은 쉼터로도 활용할 수 있어 심신의 재충전을 꾀할 수도 있다. 벽면의 그림은 녹천중학교의 미술 선생님 작품이며, 중앙에 배치된 사진들은 해당 학교의 교사 단체 사진이다. 선생님 간의 유대감이 돈독함을 느낄 수 있었다.

문을 던진 학교의 모습이었을 것이다. 이미 낯익은 학교 공간이기에 혁신의 필요성이 느껴지지 않을 수도 있었다. 하지만 학교라는 교육 공간의 주인공인 학생과 교사의 입장에서 학교 공간을 낯설게 바라보았다. 그리고 그들의 입장에서 필요로 하는 교육 공간으로의 변혁을 게을리하지 않았다. 이러한 손원석 교장 선생님의 생각이 학교 공간 혁신의 모델로서 녹천중학교의 자랑인 '소나방'을 탄생시켰다.

낮은 조도의 따뜻한 조명, 그 아래 편안한 의자들과 테이블, 공간을 둘러싼 클래식 음악은 이 공간에 들어서자마자 지친 심신을 위로해 주었다. 한편에는 다양한 종류의 차가 있어, 선생님들의 재충전을 적극 지원하고 있었다. 서로 편안한 마음으로 소통할 수 있는 따뜻한 공간이 학교에 있어서일까? 소나방 벽면을 채운 선생님들의 단체 사진에서 녹천중학교 선생님들 간의 끈끈한 전우애가 느껴졌다.

학생에게도, 교사에게도 쓸모 있는 공간으로서 소나방이 존재할 수 있도록 교실 하나 정도의 공간이 다채롭게 꾸려졌다. 긴 테이블과 넉넉한 의자가 배치되어 있어, 교원학습공동체를 비롯한 교사 간 연구 활동이 자유롭게 이루어질 수 있었다. 또한 소나방 내부를 감싸는 음악이 은은히 깔려 있어, 학생과 상담을 할 때도 마치 카페에 와서 서로의 시간을 나누듯, 깊숙한 곳에 숨겨 둔 이야기도 마음 편하게 꺼낼 수 있었다. 남의 눈치 보지 않고 서로의 생각을 소통하고 서로의 감정을 나눌 수 있는, 이름 그대로 '소나방'이었던 것이다.

다른 학교 교사임에도 소나방이라는 공간의 존재가 이렇게 부러운데 해당 학교의 구성원들은 이 공간을 어떻게 바라볼지 궁금하여 안내를 해 주신 교장 선생님께 여쭤 보았다. 역시나 녹천중학교 선생님들도 소나방의 공간 가치를 높게 평가하고 있었다. 자신의 교직 생활에 선물과

도 같은 곳이라는 선생님의 의견부터 마음 편하게 아이들과 상담할 수 있어서 좋다는 의견, 지친 학교생활에 잠시나마 쉴 수 있는 공간이 학교에 있어서 감사하다는 의견까지 다양했다.

일반적으로 학교 공간이라 하면 직접적인 교육이 이루어지는 '수업'에만 방점을 찍는다. 그래서 수업이 이루어지는 교실만이 학교 공간의 전부라 생각하곤 한다. 실제로 우리가 '학교' 하면 떠올리는 공간 모습은 앞에는 칠판과 교탁, 그리고 학생 수만큼 놓인 책걸상의 네모난 교실 공간일 것이다. 사실 그 공간을 공간답게 만들어 나가는 것은 공간 안에 존재하는 사람들인데 말이다. 그렇게 우리는 학교 공간에서 교육의 가장 중요한 두 축인 학생과 교사를 놓치고 있었던 것인지도 모른다. 학교 공간에 대한 이해를 편협하게 가져간 까닭이다. 그러나 녹천중학교의 공간 혁신은 달랐다. 공간을 공간답게 만드는 사람에 초점을 두고 공간 혁신을 꾀했다. 그렇게 소나방은 기존의 학교 공간이 공간에 대한 이해를 편협하게 가지고 간 데에서 발생하는 한계점을 극복했다. 이와 동시에 교육의 한 축인 교사에게 교육의 활력을 갖게 하는 매개체로 작용하고 있었다.

교육 공간에 적용된 다른 관점이 이끈 혁신

공간을 살아가는 사람에 초점을 두어 학교 공간의 혁신을 이뤄 낸 곳은 녹천중학교 안에서 소나방뿐만이 아니었다. 언론에서도 수차례 이야기된 바와 같이 대다수의 학교들이 학생 수 감소 현상을 체감하고 있다. 녹천중학교 또한 학생 수가 점차 감소함에 따라 남는 교실이 생겼고, 이

앞에서 본 문예 활동실의 모습이다. 일반적인 교실의 형태가 아님을 한눈에 느낄 수 있다. 교사가 서 있을 공간과 학생이 앉아 있을 공간 사이의 거리가 매우 가깝다. 물리적으로 가까운 만큼 교사와 학생 간의 친밀도도 높아질 수 있을 것이다.(왼쪽)
뒤에서 바라본 문예 활동실의 모습이다. 대학로의 연극 무대처럼 중앙으로 시선이 집중되어 교단에 서면 그 순간만큼은 주인공이 될 수 있다.(오른쪽)

전면에 숨겨 둔 전면 거울이 있어, 거울이 필요한 활동을 진행할 때 이 공간을 활용할 수 있다. 이곳에서 아이들은 자신들의 꿈과 끼를 유감없이 발휘할 수 있다.

를 다른 시각으로 접근하여 새로운 교육 공간으로 재편성하였다. 녹천중학교의 '문예 활동실'이 그것이다.

손원석 교장 선생님은 문예 활동실을 안내하며 교실에 대해 고정된 관념으로만 접근하는 것에 안타까움을 표현하셨다. 일반적으로 우리가 떠올리는 교실의 모습은 직사각형 모양으로 칠판과 가장 끝 책상 간의 거리가 멀게 디자인되어 있다. 그래서 교사가 서게 될 칠판 앞은 가장 끝줄에 앉은 학생을 만나기 어렵다. 학창 시절, 소위 딴짓하기 좋은 장소이기에 친구들과 놀기 위해 자리를 바꿔 앉아 본 사람들은 알 것이다. 수업시간에 교사가 교실 끝 책상까지 관심을 지속해서 가질 수가 없다는 것을 말이다. 그런데 칠판의 위치를 우리가 지니고 있는 고정관념과 다르게 직사각형 모양의 교실에서 옆으로만 배치해도 학생과 교사의 거리가 훨씬 가까워진다. 학생과 교사 간의 물리적 거리가 가까워진다는 것을 교육적으로 해석하면 물리적 거리 그 이상으로 학생과 교사 간 친밀감이 깊어질 수 있음을 의미한다. 녹천중학교의 문예 활동실이 이러한 모습을 구현하고 있었다. 교단으로 설정된 곳은 일반적 교실의 구도와 달리 반원형 무대처럼 꾸며져 있어서 교단에 서면 교사가 서 있는 곳은 학생들이 앉는 좌석과 굉장히 가까웠고, 아이들의 눈을 마주하며 소통하는 과정이 훨씬 수월할 것으로 보였다.

문예 활동실은 비단 우리가 알고 있는 '수업'만 할 수 있는 공간이 아니었다. 토론·토의 수업은 물론 학생들의 다양한 활동도 지원할 수 있는 다용도 교실의 성격을 띠고 있었다. 작은 연극 무대와 같은 이곳은 학생들이 서로의 얼굴을 보며 의견을 나누기도 좋았고, 교실 앞에 나오면 모두의 이목을 집중시킬 수 있어서 그 시간의 주인공이 된 것만 같은 느낌을 받을 수 있는 공간이기도 했다. 게다가 커튼을 열면 숨어 있던 전면 거울이 등장하여 댄스 동아리 학생들도 충분히 활동할 수 있었다.

특색 있게 꾸며진 교실 공간이 녹천중학교에는 문예 활동실 외에도 활동 수업 교실 I, II라는 이름으로 존재했다. 교단의 위치는 문예 활동실과 유사했다. 다만 이 공간들은 수업에 임하는 학생들의 학습 태도에 대한 관점을 변화시켜 혁신적으로 꾸며졌다는 점에서 차이가 있다. 활동 수업 교실 I에는 모둠별 유리 칠판이 벽면뿐만 아니라 교실 내부에 틈틈이 배치되어 있었다. 유리 칠판이 있어야 했기 때문에 책상과 의자는 없다. 학생들은 이곳에서 돗자리를 깔고 앉아 수업을 듣고 모둠별로 해당 칠판 앞에 가서 서로의 배움을 확인한다. 벽지와 같은 유리 칠판은 학생들의 창의력과 상상력을 자극할 수 있었고, 협력 학습을 직접 체험할 수 있게 만들었다.

활동 수업 교실 II는 모둠별 유리 칠판을 벽면에 배치했고 나머지 여백의 공간은 학생과 교사가 자유롭게 꾸밀 수 있었다. 돗자리 수량은 충분했고 모둠별 활동용의 큰 화이트보드와 개인별 활동용의 작은 화이트보드가 수납되어 있어, 학생과 교사가 틀에 얽매이지 않고 배움을 실현할 수 있도록 디자인되었다. 충격적이었다. 우리는 늘 책상에 가지런히 책과 공책, 연필을 꺼내 놓고 허리를 곧게 편 바른 자세로 의자에 앉아 교사만 바라보는 아이들을 모범생으로 생각한다. 이래야만 제대로 배울 수 있다고 생각한 것이다. 그러나 이것이 고정관념일 수 있다는 관점의 변화 하나가 학생들이 즐겁게 수업에 참여하고 행복하게 배울 수 있는 학교 공간 혁신을 이끌어 냈다.

문예 활동실과 활동 수업 교실을 보며, 한 사람이 공간에 대해 품은 관점의 변화가 교육을 대하는 집단의 태도마저 바뀌게 함을 느꼈다. 가볍게 관점을 틀어 이끈 공간 혁신이었음에도 교사가 학생 주도의 배움

활동 수업 교실Ⅰ. 벽면과 그 앞의 공간에 유리 칠판을 설치하여 학생들이 머리를 맞대고 자유롭게 배움을 추구할 수 있는 디자인이다.(왼쪽) 유리 칠판이기에 수업 중 학생들끼리 학습하다가 교사의 집중 신호에 다시 한곳으로 모일 수 있는 이점이 있다.(오른쪽)

활동 수업 교실Ⅱ. 활동 수업 교실Ⅰ과는 달리 더 넓게 교실을 활용할 수 있다. 작은 화이트 보드는 개별 활동에서, 큰 화이트보드는 모둠 활동에서 사용하도록 준비되어 있다. TV 앞 오른쪽에는 학생들이 앉을 돗자리가 있다.(왼쪽) 틈새 공간을 디자인하여 도구를 수납할 수 있는 공간을 만들었다. 이 반대쪽에는 청소도구가 수납되어 있었다.(오른쪽)

활동 수업 교실 같은 디자인에 책상과 의자가 놓인 교실이다. 교사와 학생 사이의 거리는 여전히 가깝다. 빔프로젝터가 벽면을 향해 있다.(왼쪽) 서랍이 없어짐으로써 책상의 무게 는 한결 가벼워지고 모둠별 활동식 수업을 위한 이동에 적합해졌다.(오른쪽)

을 만들고 싶게 하는 공간을 창조했고, 학생들이 자기 주도적으로 나서서 무언가를 하고 싶게 만드는 공간을 만들었다. 우리가 얼마나 학교 공간에 대해 일반적 관점으로만 접근하고 있었는지 깨닫게 해 주는 대목이었다.

문예 활동실이나 활동 수업 교실의 사례를 보며 이건 교실이 남아서 하게 된 생각이 아니냐는 반문이 나올 수도 있겠다. 그러한 반응을 예상이라도 한 것처럼 역시나 녹천중학교는 일반 교실마저도 여타의 학교와는 다른, 작지만 큰 변화가 보였다. 가장 눈에 띄었던 부분은 서랍 없는 책상이었다. 일반인들의 눈에 서랍 없는 책상은 놀라운 소재는 아닐 것이다. 하지만 교육현장에 있는 교사의 입장에서는 놀라운 발상이

교실 뒤편에 사물함을 전면 배치하여 사물함의 크기를 늘렸다. 책상의 서랍을 없앤 대신 수납할 수 있는 공간을 확보하여 학생들의 편리함을 전적으로 보장한 아이디어가 돋보인다.(왼쪽) 보통 분리수거함은 교실 뒤편 한구석을 차지하여 제때 버리지 않으면 보기 흉할 정도로 내용물이 쌓이곤 하는데 분리수거함을 청소도구함 안에 비치하여 깔끔하고 청결한 교실 환경을 이끌었다.(오른쪽)

었다.

세상은 학생과 교사에게 모둠별 활동식 수업을 진행하라고 외친다. 다양한 수업 유형마다 저마다의 장단점이 있는 법이다. 모둠별 활동식 수업 역시 그것만의 장점이 분명하여 학교현장에서 교사들이 실제로도 많이 활용하는 모형이다. 다만 교실에서 실제로 구현할 때는 아이들이 제 위치에서 활동에 충실할 것이란 상상 속 아름다웠던 교실 모습이 '현실'로 다가온다.

요즘 학생들이 사용하는 책상을 들어 본 적이 있는가? 키높이 조절 기능이 탑재되어 한층 묵직하고 튼튼해진 책상에 학생들은 교과서며 공책 등을 서랍에 고이고이 저장해 둔다. 그런데 선생님이 모둠별로 책상 위치를 바꾸라고 한다. 층간소음은 아파트에만 있는 것이 아님을 학교에서도 느낄 수 있다. 위층 교실의 모둠별 활동식 수업 준비 과정이 아래층 교실에는 5분 넘게 수업을 진행할 수 없게 만드는 층간소음을 유발한다. 어디 소음뿐이겠는가. 책상을 이동시키는 학생들의 원성과 정신없음은 오롯이 그 교실의 교사 몫이다.

손원석 교장 선생님은 모둠별 활동식 수업을 진행하는 학생과 교사의 입장에서 책상을 보았다. 책상에 서랍이 없으니 무게는 한층 더 가볍고 움직이기 수월하다. 매체 활용이 잦은 모둠별 활동식 수업에 전자 기기를 숨기고 딴짓을 할 서랍이 없으니 학생은 교사의 수업에 집중할 수밖에 없다.

서랍 없는 책상을 교실에 도입한 과정도 또한 놀라웠다. 학교장의 단독 결정에 의한 추진이 아니었다. 책상을 사용하는 교육 주체들의 의견을 모두 수렴하였다. 학생, 학부모, 교사 모두에게 서랍 없는 책상 구입에 대한 설문 조사를 실시했고, 그 결과로 서랍 없는 책상을 전면 도입하게 되었다고 교장 선생님은 밝혔다. 민주적 의사결정 과정을 거치며 교실 내 작은 혁신을 만들어 낸 것이다.

복도에 대한 관점의 변화 1
-탈의실을 설치한 복도

대부분의 학교 공간에서 복도는 어떤 공간으로 기억될까? 교사에게 는 다음 수업 교실로 이동하는 통로의 공간으로, 학생에게는 쉬는 시간 에 다른 학급 친구와 밀린 이야기를 나눌 수 있는 만남의 공간으로 기 억될 것이다. 녹천중학교는 이러한 복도 공간마저도 허투루 낭비하지 않 았다. 복도 양 끝에 남는 일부의 공간이 작지만 꼭 필요한 탈의실 공간 으로 탈바꿈하였다. 복도 공간의 한쪽 끝에는 남학생 탈의실, 반대편 복

복도 한쪽에 마련된 남학생 탈의실이다. 반대쪽에는 여학생 탈의실이 배치되었다.(왼쪽) 탈 의실 내에 사람이 있으면 밖에 설치된 전등이 빠르게 깜빡인다. 문의 위치가 대각선으로 배 치되고 커튼이 있는 것에서도 공간 사용자를 향한 세심한 배려를 느낄 수 있다.(오른쪽)

도 끝에는 여학생 탈의실을 설치하여 학생들에게 편의를 제공했다.

남녀공학인 학교를 나온 사람이라면 알 것이다. 체육 시간에 체육복으로 옷을 갈아입는 것이 얼마나 어려운지를 말이다. 특정 성性의 학생들이 입김이 센 반이라면 그와 동성의 학생들이 교실을 차지하여 옷을 갈아입고 다른 성의 학생들은 주섬주섬 체육복을 챙겨 화장실로 달려가서 불편하게 옷을 갈아입은 경험을 떠올릴 수도 있겠다. 물론 남녀공학 학교 입장에서 탈의실은 학생이 느끼는 불편함 이상의 교육적 고민을 만든다. 탈의실에서 예상하지 못한 비교육적 사고가 발생할 것이 우려되는 것은 요즘의 현실에서 우려로만 끝나지 않을 일이기 때문이다. 그런데 녹천중학교는 이러한 문제 상황을 소거함으로써 공간 확보의 당위성을 발견한다. 탈의실 공간에 누군가가 있으면 센서가 이를 감지하고 탈의실 전등이 깜빡거리게 만든 것이다. 빠르게, 그리고 오래 점멸하는 탈의실 전등을 보고 학생들은 서로 조심을 하게 되었다. 또한 교사들이 탈의실을 안전하게 관리할 수 있는 쉬운 방안이 되었다. 교장 선생님의 작은 아이디어 덕분에 학교의 자투리 공간이 학생에게는 필요한 공간의 등장으로, 교사에게는 안전교육을 적시에 실천할 수 있는 공간으로 재탄생하였다.

복도에 대한 관점의 변화 2
-홈베이스 구축을 통한 소통의 공간 마련

녹천중학교에서 복도에 대한 관점의 혁신적 변화가 일어난 또 하나의 공간은 학생들의 공유 공간인 홈베이스 구축이었다. 2층에서 4층까지 복도 한편에 마련된 홈베이스는 3개 학년마다 특색 있는 공간으로 디자인되었고, 학생들은 그 공간에서 학년별 소통을 하고 있었다.

녹천중학교에서 홈베이스 공간으로 꾸린 곳은 본래 창고였다. 오래전부터 있었던 창고이기에 어느 누구도 발길을 주지 않았고, 그랬기 때문에 창고 안에 무엇이 들어 있는지 파악하기도 어려웠다고 한다. 그리고 여느 곳에서처럼 당연히 아무도 그 공간을 활용하려는 생각을 하지 않았다. 하지만 학교 안에 방치된 공간을 학생들에게 돌려주고자 노력하면서 음침했던 창고가 차지하고 있던 공간은 언제 그랬냐는 듯, 학생들의 활기로 가득 찬 학년별 홈베이스가 되었다.

2층은 3학년, 3층은 2학년, 4층은 1학년이 사용하는 홈베이스 층으로 설정하고 고학년은 차분한 분위기를, 학년이 내려갈수록 가볍고 경쾌한 분위기를 연출하는 색상과 모양으로 벽면과 기둥을 꾸몄다. 또한 여러 개의 테이블과 의자, 소파를 설치하여 학년 내 많은 학생들이 자신들의 생각을 서로에게 쉽게 표현할 수 있는 분위기를 연출하였다. 비단 의견 교류의 장으로서만 사용되는 것이 아니라 친구들끼리 학교에서 함께 편하게 시간을 보낼 수 있는 공간으로서도 활용할 수 있어, 학교에 오고 싶게끔 만드는 공간으로 보이기도 했다.

홈베이스 공간이 더욱 놀라웠던 점은 아주 청결한 상태로 유지되고 있다는 점이었다. 대다수의 학교에서 학생과 교사 모두를 괴롭게 만드는 것 중 하나는 특별구역 청소이다. 교실에 대해서는 저마다의 소유권이 명확하게 인지되어 청소의 당위성이 설명되지만 특별구역 청소에 대해서는 꼭 문제가 나타나기 마련이다. 때문에 청소를 하라고 시켜서 하게 되는 현상이 교실보다 더 크게 발생한다. 그런데 녹천중학교의 홈베이스는 그렇지 않았다. 교장 선생님의 말씀으로는 각 층의 홈베이스는 학생

1학년 홈베이스 공간. 신입생들의 분위기에 맞춰 밝고 활기찬 분위기가 공간에 연출되도록 디자인되어 있다.

2학년 홈베이스 공간. 1학년 홈베이스와 비교했을 때 한층 차분해진 느낌을 받을 수 있다.

자치회의 학생들에 의해 자발적인 청소 및 유지·관리가 진행되고 있다고 했다. 학생들이 자발적으로 움직일 수 있는 학생들만의 공간과 분위기를 학교에서 조성해 주면 아이들은 어른들의 생각을 뛰어넘는 모습을 보인다는 교육적 효과를 녹천중학교 홈베이스에서 다시금 되새길 수 있었다.

손원석 교장 선생님은 녹천중학교 홈베이스 공간을 층마다 안내하며 앞으로 홈베이스 공간 양측에 유리문을 설치하여 복도와 학년별 홈베이스 공간을 분리된 공간으로 만들 계획이라고 밝혔다. 공간이 분리된다면 홈베이스 공간에서 선생님들이 학생들과 자유로운 형태의 수업을 할 수도 있고, 학생자치기구의 회의도 진행할 수 있게 된다는 교장 선생님의 디자인이 가시적으로 보이는 순간이었다.

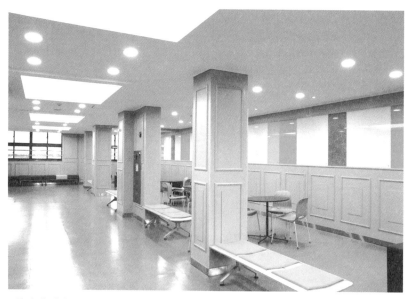

3학년 홈베이스 공간. 각 학년의 홈베이스 바닥이 굉장히 깔끔하다. 학생자치회를 중심으로 한 학생들의 작품이다.

학교 공간의 혁신을 지금 여기서 꿈꾸다

급변하는 사회 분위기에 휩쓸려 우리는 이따금 너무나도 쉽게 혁신을 부르짖는다. 그리고 너무 쉽게 외친 혁신에 잃어서는 안 되는 것과 잊어서는 안 되는 것을 간과하곤 한다. 혁신의 시대인 오늘날, 녹천중학교를 돌아보며 두 가지를 되새긴다. 하나는 우리 교육계에 학교 공간 혁신이 절실히 필요하다는 점이며, 다른 하나는 학교 공간 혁신의 방향성을 학생과 교사에게서 찾아야만 한다는 점이다.

아주 새롭게 바꾸는 것. 그것이 혁신이다. 사람들은 이러한 사전적 정의에 집중하여 모든 것을 '아주 새롭게' 바꾸고자 기존의 것을 뜯어서 '아주' 고쳐 버린다. 그리고 이러한 까닭에 혁신이 필요한 것을 잘 알면서도 혁신을 실천하지 못한다. 기존의 것을 다 뜯어고칠 수는 없는 노릇이기 때문이다. 그러니 우리는 혁신할 수 없을 것이라 지레짐작하며 시도조차 하지 않는다. 생각조차 하지 않는다. 혹은 '아주 새롭게' 바뀌는 것에 대한 두려움을 갖게 될 수도 있다. 기존의 것에 익숙해 관성에 젖은 우리의 사고체계와 습관을 뒤흔들어야 한다는 두려움이 혁신을 부르짖는 시대에 반감을 느끼게 만들 수도 있겠다. 하지만 오늘날 적어도 학교 공간에 있어서 필요한 '혁신'은 그런 것이 아니었다. 기존의 교실을, 책걸상을 전복시키는 것이 아니라 혁신의 필요성과 당위성을 집단 구성원들이 인식하고 그 공간을 살아 내는 학생과 교사에게 필요한 교육 장소로서의 학교 공간을 만들기 위해 관점을 변화하는 것에서 작지만 큰 자취를 남길 수 있는 혁신의 씨앗을 품어 내는 순간인 것이다.

녹천중학교의 학교 공간 혁신 사례들이 그러했다. 네모난 교실을 동그랗게 만들고, 교실 벽을 허무는 식의 혁신을 꾀하지 않았다. 학교 공간을 일궈 내는 구성원들에게 필요한 교육환경에 혁신의 포커스를 맞췄다. 변모하는 시대만큼 교육활동의 성격도 변화되었기에, 이를 뒷받침해 줄 수 있는 학교 공간으로 디자인했다. 작은 아이디어를 덧붙임으로써, 혹은 학교 공간에 대한 관점을 다르게 접근함으로써 말이다.

오랜 노력으로 녹천중학교는 곧 에코 스쿨이라는, 또 다른 공간 혁신을 꿈꾸게 되었다. 높은 담장의 울타리가 아닌 푸른 나무들이 교정을 감싸고, 학교 공간 가운데에 잔디밭과 작은 무대가 설치되어 교실에선 펼칠 수 없었던, 학생들 저마다 품은 개성을 유감없이 드러낼 수 있는

에코 스쿨 프로젝트에 따라 지난 2월 교장 선생님을 비롯한 몇몇 선생님들의 노고로 조성된 잔디밭이다. 철 따라 피고 지는 꽃들, 푸른 잎이 돋아나는 나무와 잔디로 학생들의 쉼터이자 배움터가 될 수 있겠다. 중앙에 보이는 건물 1층 출입구를 무대화하여 학생들이 끼를 발휘할 수 있는 공간으로 조성할 계획이라고 손원석 교장 선생님은 밝혔다. 1층 출입구가 무대가 된다면 잔디밭에서는 물론 학교 내부에서도 창문만 열면 얼마든지 친구들의 공연을 관람할 수 있게 된다.

교육 공간으로 탈바꿈하는 것이다. 에코 스쿨 프로젝트를 설명하는 교장 선생님의 눈은 이미 변화한 학교 공간을 향해 있었다.

누구나 쉽게 찾아올 수 있는 학교 공간의 중앙 부분에 교장실을 배치하는 것이 아니라 아이들을 위한 도서관을 만들어 놓은 학교. 사용되는 목적에 따라 학교의 각 층을 구획하여 아이들이 자신의 꿈을 향해 분명히 노력할 수 있게 디자인된 학교. 융통성 있는 공간 디자인을 통해 지역 공동체와 교류할 수 있는 학교. 학교 공간 혁신에 대한 교장 선생님의 이야기를 따라가며 공간 혁신에 따른 교육혁신의 가능성을 떠올릴 수 있었다. 지금 이 순간에도 학교 혁신을 꿈꾸고 있을 녹천중학교 손원석 교장 선생님과 교직원께 혁신의 방향성을 일깨워 주심에 지면으로나마 깊은 감사를 전한다.

교육과정 변화와 병행한 공간 혁신

최홍길(선정고등학교 교사)

당곡고등학교는 고교학점제 연구학교와 SW중점학교를 운영하는 자율형 공립고라서 여느 일반고와는 달리 교육과정에서 학생 선택권을 최대한 보장할 뿐 아니라 공간혁신사업을 통해 다양한 학습공간이 마련되어 있어 많은 학생들이 오고 싶어 하는 학교이다. 학교를 믿고 따르는 학생들, 학교와 교사에 대한 신뢰가 높은 학부모, 열정을 갖고 꿈과 창의성을 키워 주는 교사들이 있는 학교를 찾아가 보았다.

관악구 봉천동에 자리한 당곡고등학교(교장 심중섭)를 찾아가는 길은 쉽지 않았다. 학교와 인접한 버스정류장에서 내려 당곡초를 지나고 당곡중을 거쳐 10여 분 가까이 걸은 다음에야 비로소 학교 정문에 닿을 수 있었다. 교문을 지나자 학교 건물과 운동장이 눈에 들어왔다. 국사봉 자락의 각종 수목이 내뿜는 피톤치드가 반겨 주었다.

운동장에는 학생들의 공간인 농구 코트가 조성되어 있고, 학교 건물 사이에는 '중앙정원'이 있어서 학업 스트레스를 풀기에 좋아 보였다. 건물 안에는 아고라실과 학습카페(협업실, 자주실), 창의실 등 다양한 협업공간이 있었는데 학생 중심의 수업이 이루어지는 자율적인 공간이라는 인상을 주었다. 특히, 교사와 학부모의 휴식 공간인 마마방은 다른 학교 선생님들이 방문했을 때 가장 부러워하는 공간이라 한다.

이 농구 코트는 교사들이 쓰는 테니스 코트 두 개를 한 개로 줄이고 학생들이 농구를 할 수 있도록 바꾼 것이다. 당곡고 홍영택 교감은 점심을 먹고 난 학생들이 친구들과 같이 이곳에서 땀을 흘리는 모습을 보면 흐뭇하다고 했다. 주말에는 가까이 사는 주민들이 모여 운동장에서 축구를, 체육관에서는 매일 야간에 배드민턴을 한다고 덧붙였다.

다음은 중앙정원! 학교 건물의 중앙에 자리한 정원에는 텃밭 가꾸기가 가능한 공간이 보였고, 몇 그루의 나무와 꽃들 그리고 정원의 중앙에는 벤치가 원형으로 꾸며졌다. 나무 그늘 아래에 자리한 의자에 앉아 친구들과 대화를 나누는 장면이 상상되었다. 특히 녹음이 무성한 여름에 눈을 감은 채 삽상한 바람을 맞으면 저절로 힐링이 될 것만 같았다. 그다지 넓지 않은 학교의 부지임에도 불구하고 이 학교는 공간 활용의

작년 5월 3일 아고라에서 열린 홍콩 CSA 고등학생 환영식

학습카페, 밀폐된 곳이 아닌 열린 공간이다.

미학을 보여 주고 있었다.

학교 건물 내부는 전체적으로 리모델링을 하여 실내 환경이 깨끗하게 구축되어 있었다. 전 교실에 천장 매립형 냉난방 시설을 설치하고, 교과교실을 단장했으며, 과학실험실도 현대화했다. 또한 2017년 SW중점학교로 지정되면서 컴퓨터실도 새롭게 꾸몄다.

1984년 개교한 당곡고는 10년 전까지만 해도 서울시내 '비선호학교' 중 하나였다. 그러다 2010년 자율형 공립고로 지정받고 시설을 개보수한 뒤, 일반 학교와는 차이가 있는 교육과정을 편성하고 특색 프로그램을 만들었다.

2017년 SW중점학교, 2018년 고교학점제 선도학교, 2019년 고교학점제 연구학교로 지정되었고, 올해에는 서울시교육청 역점 사업인 고교학점제 안착을 위한 '공유 캠퍼스 운영 학교' 활동을 하고 있다. 이 같은 이유로 신입생들의 입학경쟁률이 매우 높고 학급당 학생 수도 많다.

'아고라'에서는 이런 활동을

홍 교감은 혁신 공간을 적절하게 활용하니까 학생들이 학교에 머무를 수 있는 시간이 더 많아진 것 같다고 했다. 건물 외부인 운동장을 넓힌 건 단순하게 학생들을 위한 배려였으나, 학교 건물 내부의 공간은 더 짜임새가 있어 보였다. 교과교실제는 기본이었다. 당곡고가 자랑하는 혁신 공간은 아고라(AGORA)실, 창의실, 학습카페(협업실, 자주실) 그리고 마마방으로 압축할 수 있겠다.

아고라는 고대 그리스 도시국가에 자리한 일종의 광장으로, 사교, 재

본관 요지에 자리한 아고라. 다양한 행사가 이뤄지는 공간이다.

판, 연극 공연 등 다양한 활동이 이뤄졌던 공간이다. 학문과 사상에 대한 토론이 벌어지던 문화와 예술의 중심지였다. 요즘에는 일반적으로 '사람이 모이는 곳'이라는 의미로 쓰이는데, 이 공간이 당곡고 본관 입구의 요지에 자리한다.

이 학교의 아고라실은 깨끗하고 산뜻한 디자인과 밝은 분위기의 창의·감성 공간이다. 아고라실은 토론 공간으로 동시에 최대 80여 명까지 수용할 수 있고, 바로 옆에 소공간(GROUP실)이 있어서 소그룹으로 다양한 활동이 가능하다. 전시활동을 포함한 교내의 주요 행사를 여기에서 하며, 홍콩 CSA(Cotton Spinners Association) 고등학교 학생들과의 환영행사도 이곳에서 실시했다.

작년 5월 3일, 운동장이 훤히 내다보이는 통유리벽의 '아고라'에서 홍

물리실에서 홍콩 학생과 토의하는 모습

교내의 학습카페

콩 학생 34명과 당곡고 학생 32명이 모여 환영회를 가진 후, 물리실과 생물실로 이동해서 두 가지 과학 실험실습을 진행했다. A팀 6모둠, B팀 6모둠으로 구성된 학생들은 '전동기 만들기'와 '신경 전달물질에 따른 물벼룩의 심박수 변화' 실험에 들어갔다. 한 개의 모둠에는 2~3명의 한국 학생과 2~3명의 홍콩 학생이 짝을 이루었다.

학기 초 과학영재반이라는 동아리 결성 이후 예비 실험을 하고 발표할 자료도 미리 준비했다. 두 모둠의 학생 주도 활동으로 진행된 실험에서 당곡고 학생들은 다소 서툰 영어지만 보디랭귀지 등을 활용하면서까지 의사소통을 했다. 또한 실험이 끝난 후에는 다시 아고라에 모여 K팝 등 한국 문화에 대해 격의 없는 대화를 나누기도 했다.

창의실

학습카페 그리고 마마방

당곡고에는 자타가 공인하는 명품 학술동아리 3개가 있다. 과학 실험과 캠프 그리고 체험활동 위주로 진행되는 과학영재반(뉴턴), 수학을 기초로 SW역량을 키우는 수정반, 학생들의 열정이 가득 담긴 아고라(토론논술반)가 그것이다.

과학영재반은 탐구실험과 과학자 초청강연, 교외 과학 체험 프로그램에 참여하고, 수정반은 4차 산업혁명 시대를 선도할 소프트웨어 융합인재 육성에 집중하며, 토론논술반은 독서토론, 공개토론, CEDA토론, 원탁토론을 통해 서로의 생각을 나눈다.

이 같은 활동은 교내외의 여러 장소에서 실시되지만, 교내의 학습카페(자주실·협업실), 창의실 등에서 주로 이뤄진다. 이 공간에서는 자기주도학습은 기본이고, 모둠별 탐구를 통해 발표까지 가능하다. 학습카페는 동아리의 활동 공간이면서 쉬는 시간에는 학생들이 휴식을 취하기도 한다. 흰색의 반듯한 사각형 의자로부터 시작해 색깔이 알록달록하면서 푹신푹신한 쿠션의자까지 보였다. 창의실은 공연과 전시를 위한 창체활동 공간이다. 창체활동(기타 연주, 합창 등)과 공연 연습, SW 전시 등 다양하게 이용하고 있다.

'마마방'은 특이한 공간이다. 마음과 마음을 이어 주는 방의 줄임말이다. 학부모 쉼터를 재작년에 리모델링해서 교사와 학부모들의 이용 공간으로 확장한 것이다. 이름도 공모를 통해 정했다. 마마방은 교무실 바로

교무실 옆에 자리한 마마방. 선생님들의 휴식 공간이다.

옆에 자리한다.

  문을 열고 들어갔는데 학교에 있는 공간 같은 느낌이 들지 않고, 시내의 괜찮은 카페에 온 것 같았다. 업무 등으로 쌓인 스트레스를 풀기에 충분한 공간이었다. 빵과 과일, 음료 등도 보였는데 창의체험부장 선생님의 정성이라고 귀띔해 주었다. 어떤 선생님은 집에서 만든 음식을 마마방으로 가져와서 함께 나눈다고도 하였다. 이런 데서 회의를 하면, 격론 없이 자연스럽게 결과물이 도출될 것 같았다.

마마방에서 담소를 나누는 모습

공간 혁신 위한 또 다른 노력

2018년 7월 20일부터 1박 2일의 일정으로 'SW 창의인재 캠프'가 학교의 컴퓨터실 등에서 열렸다. 당곡고의 컴퓨터실은 넓어서 학습하기에 걸맞은 분위기다. 전교생 60명이 참여한 이 캠프는 창의적인 소프트웨어 인재를 육성한다는 목적으로 시행되었는데 회를 거듭할수록 참여도가 높다고 한다.

한편, 당곡고는 2019년 4월 14일 '쾌적하고 아름다운 교육환경 조성'이라는 주제로 시 의원과 전직 국회의원, 학부모 30여 명이 참여한 가운데 학교 도서관에서 간담회를 가졌다. 이날 간담회에서는 융합교육 환경에 맞추어 도서관의 학생 활용도를 높이며, 학생들에게 선진화된 도서관 시설 제공 등을 위한 토의도 진행되었다. 또한 학생들의 멀티미디어 학습을 더욱 효과적으로 제공하기 위하여 멀티미디어실 개선 산업에 대해 심도 있게 논의하였다. 그 결과로 2019년 겨울방학 중에 도서관을 리모델링하여 이제는 쾌적하고 넓은 공간에서 독서활동을 마음껏 펼칠 수 있게 되어 기대가 크다.

사실 당곡고의 도서관은 60여 명 정도밖에 수용하지 못하기에 학교 관리자나 사서교사는 고민 중이었다. 매일 아침 7시 20분부터 50분까지 30분 동안 이뤄지는 아침독서활동 프로그램에 100여 명의 학생들이 신청을 했으나 도서관이 좁아서 학교 식당에서 독서를 진행했던 것이다. 30분이라는 길지 않은 시간에 독서삼매경에 빠진 학생들을 접하는 교사들은 좀 더 나은 공간을 마련해 주지 못해 안쓰러웠다고 한다.

심중섭 교장은 "학생들이 학교라는 울타리 안에서 교육활동에 마음껏 참여하여 꿈과 끼를 발견하고 자기주도성을 찾을 수 있도록 해야 한

도서관이 좁아 식당에서 아침독서를 하는 학생들(2019년 5월)

새롭게 리모델링된 도서관(2020년 3월)

다"면서 "우리 학교는 공간을 효율적으로 배치했다고 자부한다"고 강조했다. 이어서 심 교장은 "이 같은 이유로 학생들이 독서활동, 토론활동, 동아리활동 등에 적극적으로 참여함은 물론 경시대회를 개최하면 경쟁률이 치열하다"고 덧붙였다.

이처럼 수업 방법 개선과 병행해 공간 혁신을 바라는 구성원들의 목소리가 높아지고 있는 현실이다. 학교라는 공간은 민주시민으로 살아가기 위한 가장 기본적인 교육환경이고, 배움과 삶의 공간으로서 학생들의 목소리를 담아내야 하며, 학생들이 주도적으로 참여해서 공간주권을 실천하는 프로젝트형 수업이 되어야 한다는 게 교사들의 생각이다. 학생 수가 줄어듦에 따라 빈 교실을 메이커 스페이스나 동아리활동 중심으로 재구성하는 학교 또한 생겨나고 있다.

의자가 규칙적으로 배열된 대강당 같은 공간도 물론 필요하겠지만, 독서캠프, 창작물 전시, 인문학 콘서트와 같은 유연한 교육활동이 가능한 공간이 학교마다 두세 개쯤 자리했으면 하는 바람이다. 이와 같은 공간 창출과 공간 혁신을 통해 학업능력과 수업의 질이 향상됨은 당연한 이치가 아니겠는가!

제3장

학교 공간의
다양한 가능성 찾기

화장실 프로젝트 수업,
'내가 만드는 화장실'

장은정(구현고등학교 교사)

이야기 하나. 한 마을에 쓰레기 무단 투기가 늘자 이를 해결하기 위해 다양한 방법들이 시도됐다. 대부분 성과를 이루지 못했으나, 이 방법을 사용하고 나서부터 쓰레기 무단 투기가 줄었다고 한다. 무엇이었을까? 바로 쓰레기가 버려지던 곳에 예쁜 꽃을 심고 화단을 조성한 것이다.

이야기 둘. 일본의 작은 도시에서 범죄율이 점차 높아져 걱정하던 때, 누군가 낸 아이디어 덕분에 범죄율을 낮출 수 있었다. 그 방법은 거리의 가로등 불빛을 푸른색으로 바꾸는 것이다. 사람의 마음을 가라앉히는 푸른색 조명으로 범죄율을 낮출 수 있었다고 한다.

이는 공간에 대한 사람들의 관심과 아이디어가 사회에 긍정적인 변화를 만들어 낸 사례들이다. 공간에 애정을 갖고 가꾸어 갈수록 우리에게 돌아오는 것은 크다.

학교는 학생의 삶이 이루어지는 공간이다. 그동안 학교 공간은 학생들의 생각이나 요구와는 동떨어져 있었고, 단순히 학생들에게 '제공'되는 장소에 불과했다. '학생'과 '학생의 삶'이 고려되지 않았던 것이다. 얼마 전부터 학교 공간에 대한 인식이 변화하기 시작했고, 학교 공간 만들기에 학생들이 참여하여 함께 공간을 '짓게' 한 뒤, 각자의 삶의 방식에 따라 역동적인 곳으로 만들 수 있도록 다양한 시도를 하고 있다.

2019년 관악중학교에서도 학교 공간을 학생과 함께 꾸밀 수 있는 다양한 프로젝트 수업을 진행하기로 하고, 1학년은 도서관을, 2학년은 화장실을, 3학년은 교문을 주제로 융합수업을 실시하였다.

모든 것의 시작, 그 서막은 융합수업 계획으로

2월 중순, 학교의 모든 교사가 모여 학년별로 구성된 교원학습공동체 회의를 시작하였다. 회의 주제는 2019년에 진행할 수업 혁신에 관한 것이다.

"2학년 융합수업으로 진행할 수 있는 부분은 없을까요?"

"올해 우리 학교 본관 화장실 공사를 하는데, 그것과 관련해서 수업해 보면 어떨까요? 지금 공사하면 2학년 학생들이 3학년 올라가서 사용하게 되거든요. 실질적으로 사용하게 될 공간에 자신들의 생각이 반영된다면 학생들도 좋아할 것 같아요."

지금 학생들이 사용하게 될 공간이자, 어떤 건물에서나 가장 기본이 되고 중요한 공간인 '화장실'은 매우 매력적인 수업 주제였다. 선생님들은 머리를 모으고 2학년 학생들이 배우는 교과서들의 목차가 정리된 표를 보며 어떻게 융합을 해야 하나 고민하기 시작했다. 학생들이 자신의 주변 문제에 관심을 보이고 이에 적극적으로 참여하며, 교과 학습 내용과 삶을 직접 연결시켜 볼 수 있게 하는 수업이 될 거라는 기대감으로 말이다.

"과학은 에너지 파트가 있어요. 단열이나 친환경 에너지가 나와요."

"기술에서 도면 그리기를 하면 좋을 것 같습니다. 3D로 입체적으로 하는 방법이 있답니다."

"그럼 국어에서 관련 도서를 읽고, 자료를 찾아 정리하면 되겠어요."

"세계 여러 나라의 화장실의 역사 같은 것도 재미있을 것 같은데요!"

"한문에서 할 건 없나?"

"영어도 함께하면 좋을 텐데!"

이렇게 시작된 2학년 '화장실 프로젝트 수업'은 총 7개 교과가 융합하여 실시하기로 했다.

그런데 문제가 생겼다. 2월 회의 당시에는 수업 시기를 중간고사 이후로 정했는데, 화장실 공사가 여름에 시작되므로 학생들의 아이디어를 반영하려면 늦어도 3월 중순에는 수업을 시작해야 했다. 참여 교사들 발등에 불이 떨어졌다. 이미 다른 단원 수업을 진행하던 과목도 있어서 여간 난처한 일이 아니었다. 하지만 상황이 어쩔 수 없으니 최대한 조정하여 우여곡절 끝에 수업을 시작하게 되었다.

관악중학교에서 진행된 '화장실 프로젝트 융합수업'의 절차 및 내용은 다음과 같다.

[표 1] 프로젝트 수업 전체 진행 절차

0. 화장실의 역사 → 1. 실태 조사 → 2. 자료 조사·연구/과학·가정·기술 교과 수업 → 3. 개선안 및 스케치 / 3D 도면 그리기/화장실에 게시할 내용 만들기 → 4. 발표하기

[표 2] 프로젝트 수업 과목별 수업 시기 및 내용

	역사	국어	과학	가정	기술	영어/한문
3월 (3주)	0. 화장실의 역사	1. 실태 조사(1시간) 2. 자료 조사·연구 (1) 도서 읽기: 환경 관련 (3시간) 『지구에서 제일 멋진 집 에코하우스』	2. 교과 수업: 에너지 단원	2. 교과 수업: 환기, 조명, 안전, 유니버설 디자인	2. 교과 수업 3D도면의 기초(이론)	
3월 (4주)		2. 자료 조사·연구 (1) 도서 읽기: 공간 관련(2시간) 『공간이 아이를 바꾼다』 2-3. 자료 조사·연구 (2) 인터넷 사례 조사 (2시간)	2. 교과 수업: (『지구에서 제일 멋진 집 에코하우스』 open book test)			
4월 (1주)		3. 개선안 및 스케치하기(3시간)			3D 도면으로 구현하기	3. (영) 화장실 관련 실용 회화 (한) 화장실에 게시할 문구 찾아, 단어를 한자로 변환
4월 (2주)						
4월 (3주)		4. 발표하기(2시간)				

화장실에 대해 이야기하다

모둠별로 화장실에 대한 성토대회가 열렸다. '냄새가 제일 문제야', '따뜻한 물이 안 나와', '파우더룸이 너무 작아', '양치질할 때 줄이 너무 길어', '너무 덥고, 너무 추워'… 매일 이용하던 공간이라 학생들은 큰 어려움 없이 이야기를 했다. 나온 내용을 모두 공책에 정리하고 지금 바로 생각할 수 있는 개선안을 적어 보도록 했다. 예상대로 화장실의 문제점이나 요구 사항은 다양하게 나왔지만, 그에 대한 개선안은 한정적이었다. 이제 더 나은 대안을 찾기 위한 대장정이 펼쳐질 차례다.

세상에 완전한 창조란 있을 수 없으니, 그간에 쌓여 온 많은 지식과 정보, 사례들에서 아이디어를 얻기로 했다. 그래서 선택한 방법이 도서 읽기와 인터넷을 통한 자료 조사였다.

학생들이 스스로 책을 찾고 자료를 조사하게 하는 것이 가장 좋은 방법이었지만, 시간과 도서관에 비치된 관련 도서의 수 등을 생각했을 때 여의치 않았다. 그래서 학생들이 쉽고 재미있게 접근할 수 있는 책으로 두 권 정도 선정하여 모두에게 읽히기로 했다. 책 선정은 주변 선생님들의 추천과 학교 도서관에서 건축, 환경, 공간 등과 관련된 도서들을 살펴보며 결정했다. 그렇게 해서 최종적으로 선택한 도서가 『지구에서 제일 멋진 집 에코하우스』와 『공간이 아이를 바꾼다』이다.

『지구에서 제일 멋진 집 에코하우스』는 친환경 건축과 관련된 과학적 원리를 쉽고 재미있게 풀이한 책으로 학생들이 흥미롭게 다가가기 좋은 책이고, 『공간이 아이를 바꾼다』는 학교 화장실과 관련된 이야기가 한 챕터 정도 등장하여 도움이 될 것 같았다. 또한 『지구에서 제일 멋진 집 에코하우스』는 과학 시간에 교과 관련 내용을 좀 더 심도 있게 다루었다.

책을 읽는 것만으로는 실질적인 개선안이 나오기는 어려웠다. 그래서 인터넷을 이용하여 정보를 검색하도록 했다. 책은 일반적이거나 이론적인 내용이 주였다면, 인터넷 검색으로 보다 실질적인 화장실의 모습을 볼 수 있었다. 화장실 공사를 마친 다른 학교의 모습, 특이하고 재미있는 공중화장실, 사람들에게 유명해진 휴게소 화장실, 깨끗하고 고급스러운 백화점 화장실 등 다양한 모습의 화장실들을 보며 아이들은 흥미로워했고 아이디어를 떠올렸다.

그런데 자료 검색과 정리를 하면서 보니 학생들이 '메모'하는 방법에 익숙지 않았다. 메모 목적에 따라 방법이 달라야 하는데 무작정 내용을 줄글로 옮겨 썼다. 특히 과학 관련 책이나 화장실 개선의 실질적 사례 등은 그림을 그려서 간단히 설명을 추가하는 방식으로 정리하는 것이 효과적인데, 그렇게 하는 학생들이 많지 않았다. 그래서 그때그때 학생들의 메모를 살펴보고 더욱 효율적으로 정리할 수 있는 방법을 지도하며 진행하였다.

위기를 맞이하다

검색어를 뭘로 해요? 다 찾았는데 이제 뭐 해요?

컴퓨터 세대에게는 정보화 세상이 저절로 이루어질까? 그렇지 않았다. 학생들은 게임 이외에는 컴맹에 가까웠다. 정보 탐색과 정보 활용은 학습해야 길러지는 능력인 것이다. 학생들은 교사가 예시로 제시한 검색어 이외의 것은 생각하지 못했고, 검색이라는 것이 꼬리에 꼬리를 물고 이루어진다는 것도 몰랐다. 그냥 컴퓨터실에 데려간다고 해서 양질의 검색이 이루어지는 것은 절대 아니었다. 어떤 검색 엔진을 이용하면 좋은지, 어떤 것은 신뢰할 수 있는 정보이고 어떤 것은 그렇지 않은지, 검색어는 어떤 것들로 더 찾을 수 있는지 등 끊임없이 학생들을 관찰하고 함께 대화하는 과정이 필요했다.

그냥 에어컨 달면 안 돼요?

과학 시간에 에너지와 관련된 내용을 학습하고, 가정 시간에 안전, 조명, 환기, 유니버설 디자인을 배웠지만 학생들은 이런 내용을 실제 화장실 개선 방법으로 가져오지 않고 단순하고 쉽게만 가려고 하였다. 화장실 프로젝트 수업의 근본적인 목적이 '배운 것을 삶과 연결시키는 것'이었으므로 배운 것을 최대한 활용하도록 개선안에 반드시 '교과에서 배운 내용이 각 한 가지 이상은 포함되도록' 조건을 주었다.

수업에 대한 피로도도 문제

7개의 교과에서 거의 한 달 가까이 이루어지는 프로젝트 수업이다 보니 학생들이 피로감을 느꼈다. 처음에 보인 흥미와 열정이 '또 화장실이에요?'라는 푸념으로 변하는 순간이 있었다. 학생들에게 이번 프로젝트의 목적을 다시 한 번 설명하며 우리의 노력으로 멋진 화장실을 만들어 보자고 목청 높여 응원하고 달래야 했다. 지금 생각해 보니 많은 교과가 융합을 한다고 다 좋은 것은 아니었다. 학생들의 피로감도 생각해 주어야 했던 것이다.

우리만의 화장실을 디자인해 보자

잠시 화장실 보고 와도 되나요?

아는 만큼 보이고, 관찰은 관심의 시작이라고 했다. 어려운 고비를 넘고 화장실 개선안과 스케치에 들어가니 수업이 다시 활기를 찾았다. 학생들은 적극적으로 화장실의 모습을 궁리해 냈고 잠시 화장실을 보고 오겠다며 환풍구 위치와 모양, 세면대의 자세한 모습, 변기 개수 등 실질적인 부분을 관찰했다.

세상에 쓸모없는 의견은 없다

'미닫이문과 여닫이문 중 어떤 것이 좋을까?', '탈의실은 꼭 필요해?', '장애인 화장실 칸은 만들어야 하나?', '남자 화장실에는 파우더룸이 없어도 될까?' 학생들은 개선안을 찾는 과정에서 치열한 토의를 거쳤다. 여닫이문일 때 지나가던 친구가 문을 열다 다칠 수가 있으니 화장실 문도 교실처럼 미닫이문으로 하면 안 될까 하는 의문에서 시작된 토의는 왜 다른 공중화장실은 여닫이문일지, 두 문의 차이점은 무엇이고 장단점은 무엇인지에 대한 이야기가 오갔다. 장애인 화장실 칸에 대한 문제와 남자 화장실 파우더룸 이야기가 나올 때는 우리 사회가 안고 있는 편견, 평등, 인권에 대한 이야기까지 등장했다. 토의를 하다가 자기들끼리 '왜 이런 얘기까지 하지?' 하며 웃어넘겼지만, 결국 이런 토의 과정에서 나온 이야기들이 모여 더 나은 대안이 되었고, 다양한 분야로까지 사고가 확산되었다.

쓸모 있게 변화된 생각들도 흥미롭다

"이 벽을 허물 수도 있는 거예요?" 아이들은 의외로 학교에서 시행되는 공사에서는 불가능하다고 생각하는 것들이 많았다. 공간에 대한 학생들의 고정관념이 깨어지자 더욱 다양한 모습의 화장실이 완성되어 갔다. 필요에 따라 직선을 곡선으로 변형시키고, 벽을 이동시키거나 없애고, 새로운 벽을 만들기도 했다. 공간을 생활의 필요에 따라 조성한 것이다. 가장 눈에 띄는 변화는 환경에 대한 고민이다. 에어컨과 히터가 생각의 전부였던 학생들 입에서, 태양열 전지판의 위치를 고민하고 볏짚으로 만든 단열재를 설치하거나 빗물이나 세면대 물을 재활용하는 방법 등이 자연스럽게 흘러나왔다. 에너지 소비형 사고를 하는 사람에서 지속

가능한 친환경 사고를 하는 사람으로 변했다.

어서 와. 우리 모둠 화장실은 처음이지?

화장실 프로젝트 수업의 마지막은 자신들이 디자인한 화장실을 다른 사람들에게 소개하는 것이다.

발표할 내용은 어느 모둠에서나 이야기할 만한 것들은 가급적 제외하고, 우리 모둠만의 특색인 아이디어를 찾아 구성하도록 지도했다. 다른 사람들에게 자기 생각을 자신의 언어로 전달할 수 있어야 하며, 발표에 모둠 전체가 참여하고 발표가 끝나면 청중들의 질문에 대답할 수 있

프로젝트 수업

프로젝트 수업에 참여하는 학생들

어야 한다. 발표할 때 보조 자료로 기술 시간에 만든 입체 도면을 활용했는데, 필요에 따라 확대할 수도 있고, 사방으로 회전 가능한 도면이라 발표 내용에 대한 이해를 돕고 활기를 더해 주었다.

발표를 듣고 나서 다른 학생들은 모둠별로 궁금한 점을 모아 하나의 '모둠 질문'을 만들었는데, 질문이 겹칠 때를 대비해 '칭찬하기'를 추가로 쓰게 했다. 질문을 하다가 다른 모둠과 질문이 겹치면 대신 칭찬을 하면 되는 것이다. 질의응답 시간에 학생들의 질문은 생각보다 수준이 높고 신선했다. '세면대의 높이는 학생들의 평균 키를 고려한 것인가요?', '도면상 화장실 칸막이가 너무 높은데 그럼 공기 순환에 문제가 없나요?', '탈의실 옆에 창문이 있는 것으로 되어 있는데, 문제는 없을까요?'와 같이 화장실이라는 공간에 대한 이해가 없으면 나올 수 없는 질문부터 그간 교과 시간에 배운 내용을 토대로 한 질문까지 다양했으며, 대답하는 학생들도 돌발 질문에 합리적인 해법을 내놓았다.

발표 원고 마련하기

1. 내용 마련하기(발표 시간: 5분 내)

(1) [처음] 우리 모둠의 화장실 개선안 논의 시 가장 중요하게 생각한 세 가지는? (모둠토의)

(2) [중간] 우리 모둠 화장실에 대해 설명해 봅시다.

① 과학 관련, 가정 관련, 기타(우리 모둠의 특색이 드러나는 것 중심으로) 내용 구성

• 과학, 가정 관련:
㉠ 남녀 공통으로 하되, 여자 화장실을 중심으로 할 것.
㉡ 모둠에서 대표적으로 내세울 수 있는 2가지만 선택하여 발표할 것.

> *내용 구성은 이렇게
> - 우리 화장실에 반영된 내용은 무엇인지 쉽게 설명하고, 그것이 어떻게 반영되었는지 이야기한다.
> - 그 부분을 왜 반영했는지 또는 반영한 후 어떤 효과를 기대하는지 등을 쓴다.

• 기타 내용:
㉠ 남자, 여자 화장실을 나누어 발표할 수 있음.
㉡ 모둠의 특색이 잘 드러나는 것 중심으로 2~4가지만 발표할 것.

> *내용 구성은 이렇게
> - 화장실의 어떤 부분을 어떻게 만들고 싶은지 쓴다.
> - 왜 그렇게 만들고 싶은지 또는 어떤 장점이 있는지 등을 쓴다.

② 내가 맡은 부분: (   )

항목	발표한 내용을 써 보자

(3) [끝] 화장실 개선 프로젝트를 마친 소감 나누기(모둠토의)
- 향상된 능력, 어려웠던 점, 좋았던 점 등을 모둠별로 상의해서 적어
  봅시다.
- 너무 뻔한 이야기는 하지 않도록 해요~ 우리 모둠만의 경험 등을 이
  야기하면 좋겠죠!

2. 발표하기 준비
- 기술 시간에 작성한 입체 도면을 활용하여 발표한다.
- 듣는 사람을 고려한 말하기가 되도록 한다(목소리 크기, 속도, 발음,
  말하는 자세 및 시선 처리 등에 유의).
- 발표 후 질의응답 시간이 있으므로 모둠 발표 준비 시 내용을 충분히
  숙지한다.

발표 평가하기 학습지

평가하기

1. 자기평가

(1) 개별 발표 평가(개인)

평가 내용	점수					이유
전하려는 바가 잘 드러나도록 내용을 짜임새 있게 구성하였다.	5	4	3	2	1	
매체를 활용하여 듣는 사람들이 이해하기 쉽게 설명하였다	5	4	3	2	1	
목소리 크기, 말하기 속도, 억양, 몸짓, 표정, 시선 처리 등이 적절하였다.	5	4	3	2	1	

(2) 모둠 활동 평가(모둠토의)

① 모둠 전체 평가

평가 내용	점수					이유
모둠원 모두가 적극적으로 토론에 참여하며 서로의 이야기를 경청하고 존중하였다.	5	4	3	2	1	

② 모둠원 평가

평가 내용	모둠원
과제 해결을 위해 적극적이고 주도적으로 모둠을 이끌어 간 친구	
다른 사람의 의견을 경청하고 배려하는 태도를 보인 친구	
준비를 열심히 하고 다양한 아이디어를 제시한 친구	
어려운 활동에 스스로 나서며 모둠 활동을 위해 노력한 친구	
친구를 잘 도와주고 지지해 준 친구	

2. 발표 모둠 평가(개별: 2분 → 모둠: 2분)

( )모둠	평가 내용	점수					질문하기	칭찬하기 이런 점이 흥미로웠어! 이런 점은 인정!
내용	전하려는 바가 잘 드러나도록 내용을 짜임새 있게 구성하였는가?	5	4	3	2	1	(개별)	(개별)
	매체를 활용하여 듣는 사람이 이해하기 쉽게 설명하였는가?							
	흥미롭고 아이디어가 참신한가?	5	4	3	2	1	(모둠)	(모둠)
태도	목소리 크기와 말하는 속도가 적당한가?							
	말할 때 몸짓이나 시선 처리가 자연스러운가?	5	4	3	2	1		

1. [처음]
우리 화장실의 키워드는 친환경, 쾌적함, 편리함입니다. 이를 위해 과학
과 가정 시간에 배운 내용을 활용하였고, 그동안 화장실을 이용하면서
느낀 불편한 점을 생각하며 디자인해 보았습니다.

2. [중간 1]
우리 본관 화장실을 1년 동안 본 결과 겨울에는 햇빛이 안 들어오고,
단열이 잘 안 되어서 너무 추웠습니다. 그리고 벽에 단열재가 드러나서
한번 봤는데 건축 폐기물인 스티로폼으로 되어 있었습니다. 스티로폼은
환경을 오염시키는 물질입니다. 화장실 프로젝트 수업을 하면서 『지구에
서 제일 멋진 집 에코하우스』를 읽었는데 거기에 볏짚을 압축시켜 만든
단열재가 있었습니다. 볏짚은 벼에서 쌀을 수확하고 남은 벼의 줄기로,
값도 매우 싸고 볏짚의 줄기에 공기가 가득 채워져 있어 단열에 좋습니
다. 또 볏짚은 친환경적인 물질이라 환경에도 좋습니다. 이번 공사 때 우
리 학교 화장실도 이 볏짚 단열재를 이용했으면 좋겠습니다. 그리고 태
양에너지를 이용해 화장실 전기를 사용하는 것입니다. 처음에는 화장실
안에 태양열 전지판을 설치할까 고민했는데, 우리 화장실이 북향이라
햇빛이 잘 들어오지 않아서 걱정이었습니다. 그래서 계속 태양을 볼 수
있는 건물 옥상에 전지판을 설치하고 여기서 모아진 전기를 화장실 에
너지로 활용하면 좋겠습니다.

3. [중간 2]
화장실에서 일어날 수 있는 여러 가지 사고 중 미끄럼 사고가 가장 많
습니다. 혹시 모를 이러한 미끄럼 사고를 예방하기 위해 저희는 미끄럼
방지 타일을 설치하였습니다. 물기가 잘 마르고 살짝 까끌까끌해 마찰
면이 큰 미끄럼 방지 타일을 설치하면 좋겠습니다. 또 화장실의 나쁜 이
미지를 만드는 악취를 제거하기 위해 환풍 시설에 신경을 썼습니다. 학
교 화장실에 제1종 환기설비를 설치하여, 급기기가 밖에서 신선한 공기
를 끌어오도록 하고, 배기기가 안쪽에서 공기 순환이 잘되도록 돕는 것

입니다. 환기만 잘되어도 화장실은 더 쾌적해질 것입니다.

4. [중간 3]
우리 모둠은 지금 화장실들이 모두 세면대가 좁다는 것에 공감하였습니다. 그래서 세면대를 지금보다 약 2배 정도는 늘리고 효율적으로 디자인해야 한다고 생각했습니다. 세면대 공간은 소변기 수를 조금 줄여 넓히고, 수도꼭지 하나당 세면대가 하나씩 있는 것이 아니라 세면대 사이 공간을 모두 트고 수도꼭지를 지금보다 촘촘하게 달면 좋을 것 같습니다. 또 세면대 모양을 안쪽으로 경사가 지게 해서 물이 안쪽으로 가도록 해물 튐도 방지했으면 좋겠습니다.

5. [끝]
화장실 프로젝트를 위해 여러 과목이 연합하여 한 거라 거의 모든 과목에서 진행되다 보니 힘들기도 하였습니다. (이하 생략)

프로젝트를 마치며

화장실 프로젝트를 위해 여러 과목이 연합하여 거의 모든 과목에서 진행되다 보니 힘들기도 하였습니다. 그렇지만 마지막에 한 가지 결과물을 만들어 내어 뿌듯했습니다. 또 이번 프로젝트를 하면서 세상에 아름답고 멋진 친환경 건물이 많다는 것을 알고 놀랐고, 처음으로 단열, 복사열, 전도열, 대류열 같은 지식을 접해서 재미있기도 했습니다. 화장실을 스케치하고 도면을 만들 때 뭔가 조금이라도 틀어지면 어딘가 어긋나고 빗맞아서 어려웠는데 이걸 하면서 세밀하고 꼼꼼한 능력, 공간을 보는 능력이 길러져서 좋았습니다.

토의하는 과정에서 무슨 말인지 이해가 안 될 때도 있었고 열정만 앞서서 쓸데없는 의견도 많이 나왔는데 그런 것이 다 도움이 된 것 같습니다. 1년 후 우리가 쓸 화장실이 기대됩니다. _김○○

화장실 프로젝트 수업을 하면서 뭔가 건축에 대해 관심을 갖게 된 것 같습니다. 건축물에 어떤 과학 원리가 있는지도 조금은 알게 되었습니다. 프로젝트를 하면서 많은 지식도 배우고 원리도 배웠는데, 욕심이 생기다 보니 그것을 다 활용하고 싶었습니다. 또 어디서 어떤 자료를 활용할지 어렵기도 했습니다. 그래서 우리 모둠에서는 서로 상의하여 우선순위를 정했고, 우선순위에 맞게 최대한 배운 것을 활용하려고 노력했습니다. 3D 디자인 프로그램을 처음 해 보는 거라 어려웠고, 중간에 의견 충돌도 있었지만 이번 프로젝트를 하면서 문제를 해결하는 능력과 자료를 최대한 활용하는 능력을 키울 수 있었던 것 같아 좋았습니다. _윤○○

교과에서 배운 것을 실제 삶에 반영해 보고, 내가 살아가는 공간을 스스로 디자인하며, 친구들과 소통하여 의견을 모아 결과물을 만들어 사람들 앞에 내놓는 과정은 어렵고 힘들었다. 하지만 그러한 과정 속에서 학생들은 성장하고 배웠다. 이렇게 배움은 단지 교과 수업 안에서만 시작되고 끝나는 것이 아니라, 학생들의 일상적 삶에서 구현되었다.

이번 프로젝트 수업을 통해 교사가 생각해야 할 것은 수업을 디자인할 때 학생들의 삶을 늘 유념해야 한다는 점이다. 삶과 연결된 수업일 때 학생들은 더욱 생동감이 넘치고 배움은 역동적으로 일어난다.

내년에 이 화장실을 사용할 아이들의 모습을 그려 본다. 물론 자신들의 아이디어가 다 반영되지는 못할 것이고, 생각보다 멋진 모습이 아닐 수도 있다. 그러나 자신들의 노고가 들어간 화장실이라면 구석구석 의미 있게 다가오고, 사적으로는 닫힌 공간이지만 삶으로 열린 공간이 될 것이라 기대한다.

학생과 교사가 만드는 학교 건축

이화룡(공주대학교 건축학과 교수)

교육부가 추진하고 있는 '학교공간혁신사업'은 사용자 참여를 통해 사용자 및 미래교육이 요구하는 학교 공간을 만들고자 하는 것이다. 사용자의 범위에는 학생, 교사, 학교, 지역 주민, 학부모 등이 포함되며, 그 중심에 학생과 교사가 위치한다.

사용자 참여 디자인User Participatory Design은 '계획 및 설계, 의사결정, 실행 그리고 전반적인 디자인의 질을 향상시키기 위하여 사용자가 직접 계획과 디자인 그리고 의사결정 과정에 참여'[1] 하는 일련의 과정으로 정의된다. 이는 사용자가 계획 및 설계 과정에 적극적으로 참여함으로써 새로운 아이디어와 방법론을 창출하고, 디자인 품질에 대한 확신과 만족도를 높이며, 지역의 공동체의식을 증진시키는 등 장점이 많은 디자인 방법이라 하겠다.

이 글에서는 공공시설사업에서 사용자 참여의 필요성과 외국 학교들의 사용자 참여 설계 사례를 살펴보고, 현재 진행 중인 학교공간혁신사업에서 학생, 교사 그리고 지역 주민의 참여 방법을 간단히 소개한다.

---

1. 헨리 새노프(Sanoff, H)(2007), 「참여 디자인의 원리와 목적(Principles and Purposes of Participatory Design)」, 『대한건축학회지』, 29쪽.

왜 사용자 참여가 필요한가?

사용자 참여 설계는 선진 외국에서는 이미 보편적인 디자인 방법이며, 전문가 중심의 획일적인 디자인 가치에서 벗어나기 위한 일환으로 등장하였다. 우리나라에서도 1980년대 이후 주민 참여 디자인에 대한 연구와 해외 사례 소개 등을 통해 시범 사업 위주로 이루어졌으며, 공공시설사업에 본격적으로 적용된 것은 2000년대 이후이다. 최근 지자체를 중심으로 공공시설사업을 위한 주민 참여 디자인, 주민 참여 예산 제도, 주민 참여 사업 공모, 주민 참여 도시재생사업 등 지역 주민의 직접적인 참여가 활발하게 이루어지고 있다.

왜 이처럼 공공시설사업에 사용자 참여 설계가 보편적 과정으로 정착하게 되었을까? 가장 큰 원인은 공공시설에 대한 지역 주민의 인식이 바뀌었기 때문이다. 즉 학교를 비롯한 공공시설이 단순히 서비스를 제공받는 시설이 아니라 우리 지역의 공동 자산이라는 지역 주민의 주인의식이 커졌기 때문이다.

또한 복잡하고 다양해진 사회적 요구를 소수 전문가의 직관이나 경험에만 의존하기엔 한계가 있다. 20세기의 공공건축물들은 대가maestro들이 세운 기념비적 건축물들로 도시를 빛나게 했다면, 최근의 공공건축에서는 구성원들이 커뮤니티community 활동을 통해 목적을 달성할 수 있는 공동체 참여 디자인 방법이 더욱 중요시되고 있다.

예를 들어, 서울시 구산동 도서관마을은 2012년 서울시 주민 참여 예산으로 사업이 추진되기 시작해서 은평도서관 마을협동조합, 주민 동아리, 구산동 주민참여위원회 등이 주민 설명회, 설계 협의, 현장 탐방, 마을도서관 활동가 양성 강좌, 마을 주민이 기획하고 참여하는 북 콘서트 등을 통해 그들만의 마을도서관을 만들어 갔다.

이 과정을 거쳐 놀라운 마을공동체 도서관이 만들어지게 되었다. 만약 예전의 방법대로 설계공모를 통해 전문 건축가가 설계했다면 웅장하고 스펙터클한 도서관이 건축되었을 것이다. 하지만 주민들이 만들어 낸 도서관은 멋진 건축물을 짓는 대신에 기존의 주택들을 그대로 두고 건물 사이 골목을 북 갤러리book gallery로 조성하는 등 전혀 다른 시각의 마을도서관 모델이었다. 예전의 때 묻은 벽돌들은 고단한 삶이 그대로 묻어나고, 전봇대가 있던 자리는 서가가 되어 옛 추억이 드리워진 장소로 바뀌었다.

이는 무언가 새롭고 훌륭한 것을 창조할 것을 강요받는 전문가나 건축가로서는 감히 생각지 못하는 건축 방법이다. 비록 멋지지는 않지만

구산동 도서관마을 전경

도서관마을 북 갤러리

일상의 삶과 함께하는 따뜻한 도서관을 갖고 싶어 하는 주민들의 입
장에서는 행복한 일임에 틀림없다. 이게 우리가 바라는 좋은 건축good
architecture이 아닌가? 학교 건축도 학생과 교사가 행복할 수 있는 건축
이어야 하지 않을까?

외국의 사용자 참여 학교 만들기 사례

사용자 참여 디자인은 건축설계뿐만 아니라 디자인 전 분야에 적용
되고 있는 디자인 기법이다. 최근 사용자 경험과 참여를 기반으로 한
UI(User Experience), UX(User Interface) 디자인 기법은 자동차 디자인

에서부터 웹디자인 분야까지 광범위하게 활용되고 있다.

미국 등 선진국의 학교 디자인에서 사용자 참여는 당연한 과정으로 여겨진다. 사용자 참여 디자인은 설계에만 머물지 않고, 학교 시설 기획, 시공, 운영 및 관리 단계에까지 광범위하게 이루어지고 있다.

학교 건축에서의 사용자 참여 디자인 특성을 국가별로 살펴보면, 영국은 학교 시설 디자인품질지표DQIfs(Design Quality Indicator for School)를 활용한 사용자 참여 설계, 독일은 사용자 참여 학교 만들기로 지칭되며 다양한 학습 공간 마련에 초점을 맞추고 있다. 일본은 '학교 만들기+마을 만들기'를 통해 지역공동체 형성을 목적으로 하고 있다.

영국은 DQI 카드나 디자인품질지표 시스템을 통해 사용자의 요구 분석 및 설계안을 체계적으로 평가해 학교 설계를 진행하며, 퍼실리테이터facilitator가 사용자와 전문가의 의견을 조율하고 있다. 독일은 설계부터 시공 단계까지 장기간 사용자를 직접 참여시켜 지속적인 관심을 유도하고 있다. 일본은 지역공동체 형성을 목적으로 하며 시공 완료 후에도 학교 운영에 지역민의 지속적인 참여를 유도하고 있다.[2]

독일 학교의 사례를 살펴보면, 독일의 참여 디자인은 장기적인 프로젝트로 진행되는데, 에반갤리쉔 종합학교Evangelischen Gesamtschule는 저자가 방문했던 2012년 9월까지 12년째 진행 중이었다. 대학교수인 피터 휘브너Peter Hübner의 주도하에 건축가, 교사, 학생의 의견이 반영된 참여형 설계 방법으로 진행되었고, 설계 전에 3개의 원칙을 설정했다. 첫째, 다양한 사회, 문화, 종교 및 인종을 포함하는 다문화 교육을 실시한다. 둘째, 환경교육과 생활교육을 중시하는 교육과정을 구현한다. 셋째, 지역

---

2. 이화룡·조창희(2013), 「학교 건축 사용자 참여 디자인 방법의 국가 간 비교 연구」, 『대한건축학회』 제29권 제7호.

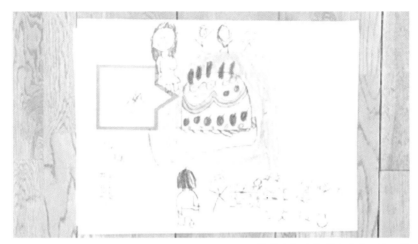

학생들이 직접 만든 단위 교실 모형

실제 시공된 다락을 가진 단위 교실 모습. 서울신곡초등학교

사회와 학교 간 연계를 통해 주민에게 개방하고 종일 운영하는 학교all-day school를 설계한다.

에반갤리쉔 학교 건축의 특징은 친환경 설계와 단위 교실 계획에 있다. 교실동은 학년별로 분리되어 있으며, 단위 교실마다 다락loft 교실이 있고, 화장실, 정원, 수납공간, 교사실이 함께 구성되어 1개 교실 완결형 모듈 시스템으로 계획되었다. 다락 교실은 건축가와 학생들이 모형을 만들고 시뮬레이션을 통해 완성했다.

이와 같이, 독일 사용자 참여 디자인은 장기간 설계와 시공 단계에 학생과 지역민이 직접적으로 참여한다는 데 큰 특징이 있다. 즉, 학생, 교사 및 지역 주민들이 설계 및 시공 과정에서 의견을 제시하고 직접 만들어 보고 공사 과정에 참여한다. 그래서 독일 사용자 참여 디자인은 학생과 지역민이 주인의식을 가지고 학교 발전에 함께한다는 데 의의가 있다.

학교 건축의 변화 요구

우리의 초·중등학교 시설은 어떠한가? 최근 교육 서비스의 다양한 요구와 학습환경에 대한 높아진 기대 수준에 부응하기에는 여전히 미흡한 수준이다. 현재 교실과 복도로 이루어진 천편일률적 공간으로는 학생들의 정서적·심미적 요구뿐만 아니라 미래교육이 필요로 하는 다양한 공간들을 담아내지 못함을 교육계 내·외부로부터 비판받고 있다.

그 원인은 다양하게 진단할 수 있겠지만, 가장 큰 문제점은 학교 건축의 지향점이 공급자 즉 담당 공무원 혹은 전문가에게로 향해 있다는 점이다. 학교 건축과 관련한 정책 형성, 주요 의사결정, 기획, 설계 및 시공 등의 의사결정 단계에 사용자가 직접 참여하는 경우는 매우 적으며, 학생과 교사, 지역사회와 학부모들은 여전히 수동적 수혜자 입장에 머물고 있는 실정이다.

하지만 교육과정, 교육 서비스 및 교육환경 등에 대한 사용자들의 다양한 요구를 담당 공무원 혹은 전문가의 학식과 경험에만 의존하는 것은 무리가 있다. 그럼에도 불구하고 효율성과 경제성의 이유로 공급자 위주 시설 행정이 이루어져 온 것이 사실이다. 물론 지난날 경제성장과 개발 시대의 학생 수용 위주 학교시설사업에서는 어쩔 수 없었다 하더라도, 이제는 학교 건축을 바라보는 시선과 태도attitude가 바뀌어야 할 시대적 요구가 있다.

이러한 자각은 전문가나 교육부 혹은 교육청 단위가 아니라 학교현장에서 일어나기 시작했다. 이미 학교 설계에 사용자가 참여한 사례는 경기도 남한산초(2001년), 서울시 돈암초(2007년), 서울시 은로초(2012년) 등에서 선도 사업 성격으로 추진된 바 있다. 본격적인 사용자 참여 설계는 2015년 이후 각 시도교육청에서 시행한 다양한 공간 재구조화 사업이 아닌가 한다. 서울시교육청의 꾸미고 꿈꾸는 화장실(2015~2016년) 사업을 필두로 강원도교육청의 감성 디자인 교실 사업(2016~2018년), 서울시교육청의 꿈을 담은 교실 사업(2016~2018년), 광주시 광산구청의 엉뚱 공모 사업(2016~2018년), 광주북초등학교 개축 사업(2017~), 부산시교육청의 별별 공간 사업(2017~) 등이다.

이는 학생과 교사들이 주도하여 학교 공간을 재구조화하고 교실을 변화시키고자 한 일대 사건이었다. 각 교육청마다 특색 있게 추진한 이 사업들은 학교 건축과 공간을 바라보는 기존의 시각과 태도를 근본부터 흔드는 계기가 되었다. 건축 전문가가 없이 사용자의 의견과 아이디어만으로도 기존 학교에 놀라운 공간을 만들어 내고, 즐겁고 살아 있는 장소로 재창조해 낼 수 있다는 자신감을 갖게 하였다.

전문가 위주에서 학생·교사 중심으로

교육부가 현재 추진 중인 학교 공간 혁신은 위에서 열거한 교육청의 각 공간 재구조화 사업들이 모태가 되었다. 소위 밑에서 위Bottom-up로의 정책 형성 방식인 셈이다.

공간혁신사업의 목적은 학교 공간을 공동체가 어우러지는 장소로 바꾸어 나가자는 데 있다. 학교를 감독과 감시의 공간에서 공감과 소통의 공간으로 바꾸고, 학습 공간 위주의 목적적 공간을 휴식, 놀이 등 일상의 삶이 살아 있는 공간으로 가꾸자는 것이다. 그리고 지역과 함께하는 마을학교로 만들어 학생, 교사, 학부모, 지역 주민이 함께 주인이 되는 학교를 만들고자 하는 것이다. 이와 함께 첨단 ICT를 활용한 교수·학습 환경, 지속가능하고 안전하며 쾌적한 학교를 지향한다. 이러한 학교 만들기에는 사용자 참여 설계가 필수적 기제가 된다.

학교공간혁신사업이 외국의 사용자 참여 설계와 구별되는 가장 큰 특징은 교사의 역할에 있다. 선진 외국의 경우는 일반적으로 퍼실리테이터facilitator나 공공 디자이너master planner 등이 주도하여 사용자의 의견이나 아이디어를 공간으로 구축하는 과정으로 이루어진다. 반면에 공간혁신사업의 사용자 참여 설계는 학교교육과정에 포함되어 이루어지며, 교사는 촉진자facilitator와 더불어 참여 설계를 기획하고, 공간 교육과

워크숍 등을 함께 실시한다. 이때 교사는 공간 사용자로서의 역할과 공간 창출 촉진자 역할을 동시에 하게 된다.

현재 교육청에서 공간(영역) 단위 사업들 위주로 추진되고 있지만, 6월 이후 개축 사업, 그리고 내년도 신축 사업까지 사용자 참여 설계가 정착될 수 있도록 준비 중이다. 이처럼 공간혁신사업은 공간 재구조화 사업을 뛰어넘어 증개축, 신축 등 전 학교시설사업에서 학생과 교사가 주인 역할을 확고히 할 수 있는 장場을 마련하고자 한다.

또한 사용자 참여는 설계 단계뿐만 아니라 학교 시설 기획 및 목표 수립, 시공, 운영 및 관리 단계까지 확대하고, 설계자 선정 과정에도 사용자가 참여하도록 한다. 이미 일부 학교공간혁신사업의 설계자선정위원회에 학부모가 참여하고 있으며, 앞으로 교사, 지역 주민 더 나아가 학생들까지 설계자 선정에 참여하는 방안들이 모색되고 있다.[3]

참여 설계는 그 민주적 절차로 인해 충분한 도덕적 근거를 가지며, 실제 디자인에서도 전문가보다 일반 대중의 의견과 아이디어가 훨씬 좋은 결과를 가져오는 것을 보아 왔다. 이러한 자신감을 바탕으로 학교공간혁신사업은 사용자 참여를 통해 학교시설사업의 패러다임을 변화시키려고 한다. 즉 공급자 위주의 시설사업을 학생과 교사가 함께 만들어 감으로써 학교교육을 변화시키고, 더 나아가 권위적이고 수직적인 학교문화를 민주적이고 수평적 관계에서 소통하고 함께하는 문화로 바꾸어 나가고 있다.

---

3. 지역 주민 등 사용자 참여 방법에 대한 논의는 "Cindy S. Moelis, Lessons from the Chicago Public Schools Design Competition, Schools fro cities urban strategies, pp. 34~41, 2002." 참조.

창의적인 교육환경 생각해 보기

최인규(인제대학교 멀티미디어학부 교수)

창의적인 공간을 위한 문제 제기

우리는 19세기 교실에서 20세기 교육자들이 21세기 인재들을 교육하고 있다고들 이야기한다. 말에는 뼈가 있기 마련이지만 그 이면에는 우리의 교육 현실이 있다. 이제 창의적인 교육을 지향하는 이 시점에 우리의 교육 공간은 어떻게 변화해야 하는가에 대해서 고민해 보고자 한다.

19세기적인 교실에 네트워크를 연결하고, 빔프로젝터를 설치하고 학생들이 아이패드iPad[1]를 쓴다고 해서 19세기의 공간이 21세기로 변화되는 것은 아니다. 교실이 가지고 있는 공간적인 구조, 타 공간과의 관계, 학생들이 심리적·물리적으로 느끼는 감성 그리고 교육 콘텐츠 등이 모두 어우러져 창의적인 공간을 만든다고 보아야 할 것이다. 20세기의 교사와 교육자도 끊임없는 재교육과 개인의 노력으로 많은 문제들을 극복해 왔지만, 시대나 유행을 좇고 있을 뿐 근본적인 문제에 완전히 접근하지는 못하고 있다. 긍정적으로 생각한다면 교육은 보수적인 것이 좋고,

---

1. 애플사에서 2010년 4월에 출시한 태블릿컴퓨터로 책, 영화, 음악, 게임, 정기 간행물, 웹 콘텐츠 등을 포함하는 시청각 매체의 사용이 가능한 플랫폼을 갖는다.

천천히 변화해야 한다는 역사적인 교훈도 존재한다. 또한 세대 간의 교육과 학습이 이루어지기 때문에 관점의 차이, 사고체계의 차이, 감성의 차이 등이 긍정적으로 작용하기도 하고 부정적으로 작용하기도 한다. 역시 교육 여건이 좋을수록 긍정적인 교육이 발현된다고 생각한다.

21세기의 인재들은 어떠한가? 디지털 네이티브digital native[2] 세대로 디지털이 기반인 시대에 태어났으며, 다양한 디지털 디바이스와 콘텐츠에 자유로운 세대들이다. 너무나도 빠른 사고 영역의 확장과 내용으로 20세기의 교육자들과 많이 다른 세대이기도 하다. 이러한 시점에 우리의 교육 공간을 다시 되돌아봄으로써 무엇이 문제이고 어떠한 실험들이 있으며, 우리는 창의적인 인재를 키워 내는 학교를 만들기 위해 무엇들을 고민해야 하는가를 생각해 보겠다.

교육 공간 진화와 교육철학

권위, 맹훈련, 훈육을 위한 본질주의 공간

본질주의는 1930년대 지나친 개인주의, 자유방임적인 극단적 진보주의에 대한 반동으로 출현하였다. 본질주의자들에 의하면 교육의 목표는 문화적 가치유산의 전수이다. 본질주의는 지식과 기능의 핵을 중요시하며 이를 모든 학습자에게 가르쳐야 한다는 주장을 한다. 본질주의는 실용적이면서도 실제적인 측면을 강조하기 때문에 놀이나 유희적인 성격

---

2. 태어날 때부터 디지털 기기에 둘러싸여 성장한 세대를 말한다. 2001년 미국의 교육학자 마크 프렌스키가 「디지털 원주민, 디지털 이민자(Digital Natives, Digital Immigrants)」라는 논문에서 처음 사용한 것으로 1980년에서 2000년 사이에 태어난 세대를 일컫는다. 디지털 네이티브(Digital Native, 한경경제용어사전).

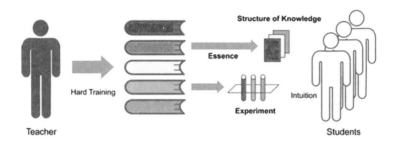

[그림 1] 본질주의 교육과정에 대한 연구자의 도식. 본질주의는 지식의 폭증으로 더 이상 지식학습보다는 지식의 구조와 실험에 의한 학습이 중요하다는 것을 강조하며, 디자인은 기본적으로 실험과 사례를 통한 학습이 대부분이다.

이 있는 교과를 배척하는 편이다. 본질주의의 목표는 근본적으로 인지 능력과 같은 지적 능력의 개발에 있다. 본질주의 교육과정의 대표적인 존재인 배글리Bagley는 아동 중심의 교육을 비난하면서 교사는 본질주의적인 원리에 따라서 교육에 임해야 한다고 주장한다. 본질주의를 기반으로 하는 교육 공간은 효율이 높게 보일지는 모르지만 가성비 측면이 극도로 강화된 일방적인 교육 공간이다. 교육자가 학생들과 동등하지 않으며 교단과 교탁으로 대표되는 공간이다. 이러한 공간에서 네트워크, 빔프로젝터, 아이패드는 더욱 효율을 높이기 위한 장치로 전락하고 만다.

일상생활 속에서 문제를 해결하는 진보주의 공간

루소Rousseau 등의 자연주의 교육사상의 영향을 받은 19세기 유럽의 신교육운동과 19세기 말에 발달한 심리학과 다윈의 진화론은 미국에서 진보주의 교육철학을 탄생시켰다. 존 듀이John Dewey 등과 같은 학자로부터 발원한 진보주의progressivism는 항존주의에서 보이는 역할과 다른 입장을 취한다. 진보주의는 지식이나 진리를 변화하는 실체로 보고 있다. 따라서 학교에서는 일련의 영구적인 진리를 가르칠 것이 아니라 변화하는 조건에 적응할 수 있는 능력을 갖추도록 준비시켜야 한다고 주장한다. 진보주의자들의 강력한 신념 중 하나는 학생들이 흥미를 느끼는 과제는 그렇지 못한 과제보다 훨씬 잘 배운다는 것이다. 그러므로 교과 과정을 구성할 때에는 학생의 흥미를 최대로 이용해야 문제해결 능력이 향상된다는 것이다. 교육은 기본적으로 문제해결 과정이며 일상생활의 경험을 중요시한다. 특히 우리의 일상생활 속에서 문제점을 발견하고, 이에 대한 해결책을 찾는 것이 중요하다.

진보주의 공간은 영역이 확장된다. 교실뿐만 아니라 일상의 공간 경험을 교실로 가져오고 있다. 그리고 그들이 찾아낸 문제를 해결하는 데 사

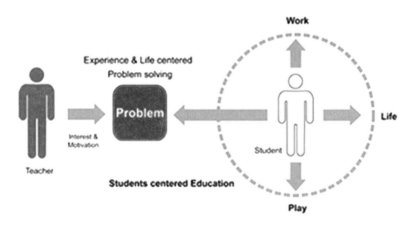

[그림 2] 진보주의에 대한 연구자의 도식. 진보주의는 교내에서의 학습뿐만 아니라 가정, 삶, 놀이를 통해 문제를 해결하는 과정을 학습하는 것이라고 보았으며, 디자인 분야 또한 경험과 삶 중심의 문제해결 과정이다.

용한다. 학생들의 흥미를 중요시하며 교육을 재미있게 하기 위해 교사들은 교실에서 많은 노력을 한다. 네트워크와 미디어 환경은 현장의 경험을 쉽고 다양하게 가져오고 가공하는 데 폭넓게 사용된다.

개인의 개성을 존중하는 구성주의 공간

구성주의는 본시 철학이라기보다는 학습에 관한 연구에 의해 태동된 것이다. 이러한 학습이론은 근본적으로 피아제Piaget의 발생적 인식론에 기초를 두고 있다. 피아제의 이론에 의하면 인간은 태어날 때 몇 개의 반사적 스키마를 가지고 있으며, 그것을 작동하면서 물리적인 환경과 상호작용을 시작한다. 이때 기존의 스키마는 작동하지 않으며, 그것의 개조 과정을 거치면서 인지구조가 발달한다.

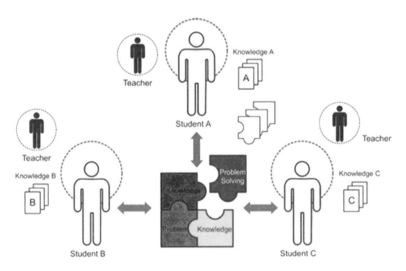

[그림 3] 구성주의 교육과정에 대한 연구자의 도식. 구성주의는 피아제의 인지적 구성주의와 비고츠키의 사회적 구성주의로 구분할 수 있으며, 지식이란 학생이 경험을 통해 구축해 나가는 것이고 학습자마다 다르다.

인지적 구성주의자들은 지식관을 다음과 같이 정리하고 있다. 첫째, 지식은 우리가 우리의 경험세계 속에서 구성하는 것이다. 둘째, 지식은 실재라고 부르는 객관적인 대상물의 표상이 아니다. 따라서 절대적인 진리란 있을 수 없다. 반면에 비고츠키는 질적인 인지구조의 발달은 언어 등과 같은 문화적인 도구cultural tools에 의해 가능하다고 주장하며, 사회적 상호작용을 통해서 고차적인 학습이 이루어진다고 했다. 구성주의는 학습자가 학습자에 맞는 지식을 구성하는 작업이며, 여기서는 한 개인의 개성이 존중되는 것처럼 학습자의 학습 개성이 존중된다.

구성주의 이론에 충실한 교육 공간은 경험을 중요시하며 개개인의 개성을 중요시한다. 개성은 다양성을 근본에 두고 있으며 창의적일 가능성이 높은 요소이다. 공간 속에서 개성을 중요시하는 공간은 애플 캠퍼스와 구글 캠퍼스 등에서 찾아볼 수 있다.

애플 캠퍼스 2(Apple Campus 2) 캘리포니아의 모습. 애플 캠퍼스는 단순히 사무용 공간을 넘어 연구, 교육, 문화적인 장소로 발전하고 있다. 자연과 캠퍼스의 관계를 중요시한다.

구글 캠퍼스의 다양한 활동 공간. 구글 캠퍼스는 연구하고 교육하고 생활하기에 최적화된 공간으로 설계되어 있다. 구글런치는 이제 산호세의 중요한 관광 코스이다.

교육 콘텐츠와 미디어의 진화

전통적인 학문의 독립 영역 분과형 교과목

개별 교과목들을 독립적으로 취급하는 형태가 분과형이다. 이것은 개별 교과목의 종적 체계는 있어도 교과 과목 간의 횡적 연관은 전혀 없는 것을 말한다. 즉 그 자체의 정연한 체계는 가지고 있지만 과목 간의 상관은 없다고 볼 수 있다. 분과형 교과목은 전통적인 학문 영역에서 학문적 경계가 분명한 시대의 교과목이다. 최근에 생성되는 학문에는 기본적으로 분과형 교과목은 존재하지 않는다.

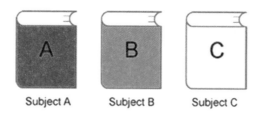

[그림 4] 분과형 교과목. 분과형 교과목은 독립적이고 서로 상관이 없다.

물리적 결합 상관형 교과목

상관형은 개별 교과목을 각기 독립된 과목으로 취급하되, 두 개 혹은 그 이상의 교과목을 체계적으로 관련시키는 조직 형태이다. 상관형은 내용의 결합에서 물리적인 결합으로 내용이 같이 묶였을 뿐 내용상의 결합이 있는 것은 아니다. 정확하게 물리적으로 합쳐지는 교과목은 없지만, 합쳐진 후에도 각각의 교과가 독립성을 유지할 때 상관형 교과목이라고 한다.

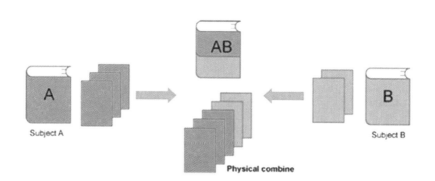

[그림 5] 상관형 교과목. 상관형 교과목은 내용의 결합에서 물리적인 결합이 있는 것을 말한다.

재구성을 통한 재조직 융합형 교과목

융합형 교과목은 두 개 이상의 교과목을 융합한 것이다. 이것은 각 교과목의 성질을 유지하면서 그 사이에 다소 공통 요인, 즉 내용이나 성질을 추출해 교과를 재조직하는 것이다. 현대의 교과목은 융합형인 경우가 많다.

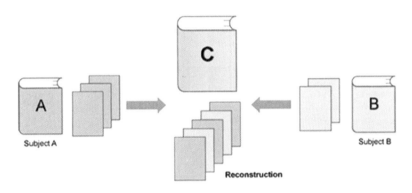

[그림 6] 융합형 교과목. 융합형 교과목은 내용을 구성하는 과정에서 화학적 결합이 일어났으며 재구성을 통해 내용이 구성되는 것이다

교과목의 벽을 허무는 광역형 교과목

광역형 교과목은 학습 내용을 중심으로 조직하느냐 학습 활동을 중심으로 조직하느냐에 따라서 두 가지로 구분된다. 동일 교과 영역에 속하는 각 과목들의 구획화를 깨뜨려서 하나의 교과 영역 내에 지식을 포괄적으로 조직하려는 형태로서, 현대에 만들어지는 교과목들이 이에 속한다.

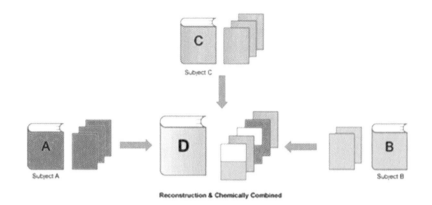

[그림 7] 광역형 교과목. 광역형 교과목은 교과목의 구분을 깨뜨리고 새로운 형태의 교과목을 구성하는 경우를 말한다.

재조직 재구성을 통한 중핵형 교과목

이것은 학생들에게 의미 있는 문제를 중심으로 학습 경험을 조직하는 경우이다. 여기서 설정되는 문제 영역은 학생들의 흥미와 관심, 그리고 그들이 생활에서 느끼는 문제들이 우선적으로 선택된다. 그리고 다양한 교과목과 미디어의 이슈나 뉴스를 통해 문제가 제기되고, 이러한 내용들을 다양한 토론과 논쟁을 통해 문제를 재정의하거나 해결할 수 있다.

교육 콘텐츠와 미디어는 디지털 기술과 네트워크를 기반으로 다양하게 변화하고 있다. 종이 기반의 교과서는 전자책으로 치환되고 있으며, 사전과 내용이 데이터와 연결되어 상호작용이 강화된 하이퍼텍스트 교과서가 구현되고 있다. 이제는 교육 방법의 문제를 넘어 어떻게 지식을 구성할 것인가의 문제를 고민할 시기다. 학생들은 구글 독Doc으로 문서를 작성하고, 구글 슬라이드Slide로 프레젠테이션을 하며, 구글 시트Sheet로 계산식을 프로그래밍한다. 그리고 교사와 학생은 실시간으로 문

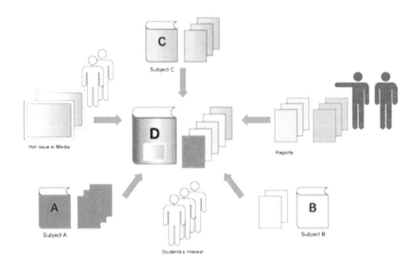

[그림 8] 중핵형 교과목. 중핵형 교과목은 문제해결을 위한 다학문적인 결합 방식을 취한다.

서에 관여해 조언을 줄 수가 있으며 함께 수정하고 글이 완성되는 과정을 공유하고 있다.

교육 공간에서 벗어나기

우리는 공간의 확장과 사고의 확장이 병행되는 것이 필요한 시기에 왔다. 박물관과 도서관이 새로운 경험의 공간으로 바뀌어야 하며, 실험실에서 만나던 많은 식물들과 곤충들도 국립공원이나 생태습지에서 만나야 한다. 교실에서 간접 경험하고 지속적으로 암기했던 지식을 오감五感으로 꾸준히 익히는 시대가 된 것이다. 물론 간접 경험은 중요하다.

한정된 교육 공간에서 확장성을 위해서 말이다. 그러나 확장성만을 위한 간접 경험은 좋은 교육으로 이어질 수 없다. 뉴욕은 2000년대 후반 박물관들을 재정비하기 시작했다. 전시공간이 아니라 식당을 재정비했다. 박물관의 콘텐츠는 충분하다고 보았고 관람을 극대화하기 위해서는 음식을 먹을 수 있는 공간이 중요하다고 생각한 것이다. 맨해튼의 모마 MoMA에 가면 근현대 미술과 디자인을 감상할 수 있는데, 2층에서 훌륭한 스테이크도 맛볼 수 있다. 크리스티안 미쿤다[3]는 저서 『제3의 공간』에서 외출과 파티의 공간, 편안하고 즐겁게 경험할 수 있는 체험 공간

조슈아 트리 국립공원

---

3. 크리스티안 미쿤다(Christian Mikunda)는 심리학자, 트렌드 연구가이면서 세계적으로 유명한 무드 매니지먼트의 대가이다. 아시아, 유럽, 미주 등지에서 기업과 공공기관들이 무드 매니지먼트에 대해서 자문을 받고 있으며, 다니엘 리베스킨트와 같은 건축 대가들과 팀을 이루어 공간을 연출하고 있다.

세쿼이아 국립공원 박물관

을 강조하며, 훌륭한 볼거리에 음식문화는 필수적이라고 이야기한다. 우리의 교육 공간도 생각해 볼 대목이다. 요즘 많은 젊은이들이 카페에서 공부하고 휴식하고 리포트를 쓰고 있다. 중고생들은 카페에서 사교육을 받고 있다. 왜 그런가? 무엇이 그들을 카페로 오게끔 만들었나 생각해 보아야 한다.

  미국 캘리포니아주에는 조슈아 트리 국립공원Joshua tree national park 이 있다. 아름다운 사막 풍경도 대단하지만 우리는 거기서 조슈아 트리의 성장과 아름다움을 발견할 수 있다. 세쿼이아 국립공원Sequoia national park에 가면 세쿼이아의 생애와 자연의 장엄함을 경험할 수 있다. 우리의 초·중·고 캠퍼스는 이제 지역사회와 지역의 자연으로 그 공간을 확장하는 방법을 모색해야 한다. 내부에서의 변화는 이제 한계에 다다랐다.

교육 프로슈머와 플랫폼 시대

미래학자 앨빈 토플러⁴는 『제3의 물결』에서 21세기에는 생산자와 소비자의 경계가 허물어질 것이라고 예견하면서 '프로슈머prosumer'라는 용어를 처음 사용했다. 프로슈머 소비자는, 소비는 물론 제품 생산과 판매에도 직접 관여해 해당 제품의 생산 단계부터 유통에 이르기까지 소비자의 권리를 행사한다. 필립 코틀러는 『마켓 3.0』에서 이제는 생산자와 소비자를 구분할 수 없는 시장에 대해서 역설했다. 교육도 프로슈머의 시대이다. 교육자와 학생이 구분될 수 없으며 역할만이 있을 뿐이다. 교육자도 학생들과의 경험을 공유하면서 진화하고 있으며, 학생들도 경험 많은 선생님과의 생활을 통해 배우고 익히며 그들에게 영감을 새롭게 주기도 한다.

학교는 교육의 중요한 플랫폼이다. 20세기 후반, 21세기에 성공한 플랫폼은 다양한 경험의 교류가 이루어지고 있으며, 그 자체가 진화 발전하고 있다. 또한 낙오되고 있는 플랫폼들은 균형감을 잃은 참여와 경험을 보여 주고 있다. 이제 플랫폼은 거리의 한계를 뛰어넘고 있으며, 지구 반대편의 누구와도 친구가 될 수 있는 길을 열어 놓고 있다. 호기심이 많은 디지털 네이티브에게는 물을 만난 물고기와도 같다. 거기서 우리는 어떤 균형감을 갖추어야 할 것인가를 생각하게 한다.

공간적 한계를 극복하기 위한 노력이 유튜브Youtube 동영상, 사이버대학, TED, 홈스쿨링home schooling 등 다양하게 펼쳐지고 있다. 이러한

---

4. 앨빈 토플러(Alvin Toffler)는 저명한 미래학자이자 세계적인 베스트셀러 작가. 디지털혁명, 정보통신혁명, 사회혁명, 기업혁명, 기술적 특이성 등에 관한 저작으로 유명하다.

모든 공간이 우리의 교육적 공간임을 절실하게 인식하는 것이 필요하다.

미국에서 시작된 공유 오피스 플랫폼인 위워크We work는 멤버 간의 커뮤니티를 중시하므로 단순한 사무 공간의 제공이 아닌, 이용자 간 커뮤니티 형성을 독려한다. 모든 지점 내 디스플레이에 해당 지점에서 열리는 행사나 멤버의 이름과 사진, 직군들을 소개하고 있다. 멤버들이 어떻게 모여서 일하고 소통하는지에 대한 관심을 중시한다. 공간을 대하는 태도가 달라지고 있다.

다시 생각해 보는 화랑도의 명산대천 플랫폼

신라의 화랑도花郎徒는 다른 말로 국선도國仙徒, 풍월도風月徒, 원화도源花徒, 풍류도風流徒라고 한다. 『삼국유사三國遺事』의 기록에는 "무리를 뽑아서 그들에게 효제와 충신을 가르쳐 나라를 다스리는 데 대요大要를 삼는다"고 하였다. 『삼국사기三國史記』에는 "처음에 군신君臣이 인재를 알지 못함을 유감으로 여기어 사람들을 끼리끼리 모으고 떼 지어 놀게 하여, 그 행실을 보아 거용擧用하고, 이들은 서로 도의를 닦고, 서로 가악歌樂으로 즐겁게 하며, 명산名山과 대천大川을 찾아 멀리 가 보지 아니한 곳이 없으며, 이로 인해 그들 중에 선악을 알게 되어, 그중의 착한 자를 가리어 조정에 추천하게 되었다"고 그 설치 목적과 수양 과정을 기록하고 있다.

화랑도는 젊은 무리들이 명산대천을 통해 다양한 콘텐츠를 가지고 즐겁게 놀고 경험하는 조직이었다. 국가의 큰 그릇을 만들기 위함도 있지만 인간의 본연적인 모습에 더욱 충실한 조직이었다. 우리의 교육 공간은 명산대천과 같은 플랫폼이 되어야 한다. 무엇보다 내적인 공간의 발전도 중요하지만 외적인 관계성이 더욱 중요한 시대에 와 있다.

미래교육을 위한 학교 공간

박인우(고려대학교 교육학과 교수)

교육을 바꾸려면, 공간부터 바꿔야 한다

인간과 환경이 밀접하게 연계되어 있듯이 교육환경과 그 속에서 이루어지는 교육 또한 밀접하게 관련되어 있다. 환경은 인간의 모습과 활동을 형성하는 데 영향을 미치며, 그 사회의 독특한 풍습과 문화를 결정하기도 한다. 한편 인간은 자신에게 적합한 환경을 스스로 구성하는데, 단순히 주어진 환경에 순응하는 것이 아니라 환경을 능동적으로 바꾸기도 한다. 이렇게 구축한 환경은 그 속에 사는 사람들의 삶의 모습에 영향을 끼치게 된다.

교육과 교육환경도 이와 마찬가지다. 교육환경, 특히 교육 공간은 그 속에서 이루어지는 교육에 영향을 주며, 실제로 현재 우리나라의 학교에서 행해지는 교육의 모습 또한 지금의 학교 공간과 밀접하게 관련되어 있다. 아무리 좋은 교육도, 그 교육이 가능한 공간이 없다면 제대로 실현될 수 없다. 좋은 교육이 수행되기 위해서는 교육에 최적화된 교육 공간이 필요하다.

최근 4차 산업혁명과 관련해 교육이 변해야 한다는 목소리가 높다.

사실 1990년대에도 정보화와 국제화의 물결로 인해 교육이 변해야 한다는 주장이 있었고, 그 이전에도 이러한 주장은 많았다. 그런데도 많은 경우 우리의 교육은 크게 변한 것이 없다고 평가된다. 여기에는 여러 원인이 있겠지만, 시대의 흐름에 맞춰 새로운 교육에 적합한 교육 공간이 구축되지 못한 점도 한 이유라 하겠다. 학교현장에서 여전히 교사의 설명 위주 수업이 주를 이루는 현상 또한 과거와 다르지 않은 교실 공간에서 그 원인을 찾을 수 있을 것이다.

교육을 바꾸려면, 그에 부합하도록 공간부터 바꿔야 한다. 공간은 그 속에서 이루어지는 교육을 제한하거나 촉진할 수 있기 때문이다. 따라서 학교 공간은 그 시대가 지향하는 교육활동에 적합하도록 설계 및 구축되어야 한다. 특히, 학교에서 교육의 대부분이 이루어지는 교실은 미래역량 육성이라는 교육 목표에 부합하도록 학습자의 능동적 참여를 이끌 수 있는 공간이 되어야 한다. 이 글에서는 이러한 교육적 시각에서 현재 학교 공간의 문제, 학교 공간과 교수·학습 활동의 관계, 그리고 향후 학교 공간 구축에서의 핵심 고려 사항을 제시하려 한다.

교육과 무관한 학교 공간

학교 공간 중에서 핵심은 교실이다. 다음은 초등학교 교실 공간이다. 위쪽은 1970년대 이전의 전형적인 교실이고, 아래쪽은 현재 교육부가 홍보하고 있는 서울동답초등학교 교실 모습이다. 두 교실은 시간상으로 50년 이상의 차이가 있다. 세월의 차이만큼 두 교실은 다르게 보이기도 한다. 교실 풍경에서 난로가 사라지고, 대형 모니터가 전면에 설치되었

1970년대 전형적인 학교 교실 예시
출처: http://koscaj.com/news/photo/201206/60525_12528_293.jpg

서울동답초등학교 현재 교실

다. 학생의 책걸상도 투박한 나무 재질에서 안전을 우선으로 하는 세련된 형태로 바뀌었다.

그런데도 두 교실은 매우 비슷해 보인다. 두 교실 모두 정면에는 칠판과 교탁이 자리 잡고 있고, 딱딱한 사각형 모양의 책상으로 구성되어 있다. 과거와 달리 현재의 교실에는 책걸상이 일률적으로 배치되어 있지 않지만, 이것만으로는 두 교실이 크게 다르다고 생각되지 않는다. 이러한 형태의 학교 공간은 오랫동안 변치 않은 모습으로 일정하게 유지되어 왔다. 50년 전이나 지금이나 어느 학교를 가든 교실은 일정한 크기로 나뉘어 있고, 교실마다 교사용 교단과 칠판이 앞에 배치되어 있으며, 학생용 책걸상은 정면을 향해 줄 맞춰 배치되어 있다.

두 교실에서 이루어질 교육을 생각하면, 그 차이는 더 줄어든다. 수업이 시작되면, 교사는 칠판이 있는 정면에 서고, 학생들은 교사를 바라볼 것이다. 현재 교실의 경우 학생 간의 대화가 가능하도록 배치가 되어 있기는 하지만, 교사의 일방적인 설명에 적합한 형태로 언제든지 바꿀 수가 있다. 두 교실 모두 설명식 수업에 최적화되어 있는 셈이다. 학교 공간은 교사가 앞쪽에 서서 앉아 있는 학생들에게 일방적으로 정보를 전달하는 활동에 가장 적합하다. 학습자의 능동적 참여와 상호작용이 요구되는 탐구학습, 문제해결학습, 협동학습 형태의 학습자 간 상호작용 중심의 수업에는 불편하다. 오히려 교수자 주도의 설명식 수업, 교수자와 학생 간의 질의응답 활동에 편하게 되어 있다. 학생의 능동적 참여가 요구되는 수업이 설명식 수업에 비해 힘들다고 느끼는 교사의 경우, 현재 교실 공간에도 부합되는 전통적인 교사 주도의 설명식 수업을 마다할 이유가 없다. 적어도 교실 공간이 이를 제한하지 않는 한 교사는 현재의 방식을 계속 고수하게 된다.

그런데 지금의 학교 공간이 교사 주도의 설명식 수업을 활성화하기 위해 의도적으로 구축되지는 않았을 것이다. 즉, 교사 주도의 설명식 수업에 최적화된 교실이 처음의 의도는 아니라는 것이다. 왜냐하면 설명식 수업은 언제나 지양해야 할 대상이었으며, 장려된 적이 거의 없었기 때문이다. 4차 산업혁명 이전에도 비판적 사고, 문제해결력, 창의성 등은 중요하게 여겨졌고, 학습자의 수준차를 고려한 개별화, 능동적인 참여 중심의 교육이 더 바람직한 것으로 인식되었고, 이를 장려했다. 그런데도 현재의 교실은 설명식 수업에 가장 적합하게 구축되어 있다.

현재의 학교 교실은 의도하는 교육의 모습보다는 일반적으로 가지고 있는 교실에 대한 이미지와 일치한다. 학교 교실과 그 속에서 이루어지는 활동을 묘사해 보라고 하면, 대개 전면에 칠판, 일렬로 된 책걸상, 교사의 설명과 앉아서 듣는 학생들을 떠올린다. 최근에 ICT 매체가 추가되고, 책상과 의자의 질이 나아졌지만, 전체적으로 보면 거의 유사하다. 특히 교단과 칠판의 위치, 책상의 모양과 배열이 그러하며, 교실의 크기도 거의 동일하다. 학교 공간에 대한 이러한 일반적인 인식은 시간이 흘러도 크게 변하지 않고 그대로 유지되는 경향을 보인다.

지난 50년간 교육의 패러다임이 여러 번 바뀌었지만, 교실에 대한 이미지는 크게 바뀐 것이 없다. 이러한 경향을 단적으로 보여 주는 사례들을 살펴보자. 다음은 우리나라에서 외국으로 수출하는 '한국형 첨단 교실'이다. 교실이 간략하게 그려져 있지만, 실물화상기, 전자교탁, 전자칠판, 학생용 노트북 등과 같은 ICT 기기를 제외하면 교실은 앞서 제시된 현재 및 과거의 교실과 거의 동일한 형태로 되어 있다.

이어서 제시된 그림은 경기도교육청에서 교실 공간을 혁신하기 위해 금년에 제시한 개념도이다. 두 그림 모두 실제 구축된 교실이 아니라,

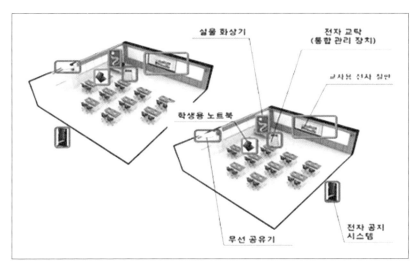

한국형 첨단교실
출처: http://img.mediapen.com/news/201507/84594_80187_2350.jpg

경기도교육청의 미래교실 개념

지금까지의 학교 공간의 문제점을 개선하고 미래에 요구되는 교육을 위해 구축할 교실의 모습을 그린 이미지이다. 그런데도 두 교실은 현재 교실과 매우 비슷하다. 미래에는 학습자 중심의 교육으로 변해야 한다는 주장이 무색하게 교사 주도의 설명식 교육이 가장 적합한 것으로 보인다.

사실 우리나라에서 교육 공간을 구축할 때 그 속에서 이루어질 교육을 먼저 고려하는 경우는 드물다. 일반적으로 교육보다는 교실에 대한 일반적인 이미지의 영향을 더 많이 받았던 것으로 보인다. 새로운 환경을 구축할 때에도 우리는 이 이미지를 기반으로 가용한 첨단 매체를 추가하는 정도에서 그친다. 교육 공간을 구축할 때 특정 교육 형태를 고려하지 않더라도 그 공간에 적합한 수업 활동이 자연스럽게 증가할 수 있다. 그리고 그러한 교육이 일상으로 자리 잡게 되는 것이다. 이 일상이 원하는 교육이 아니라면, 바람직한 교육에 적합한 공간을 설계하고 구축해야 한다. 우리가 원하는 교육은 그에 부합하는 공간이 필요하며, 나아가 공간 자체가 원하는 교육을 촉진하게 된다.

4차 산업혁명 시대의 학교에는 어떤 교육 공간이 필요한가? 새로운 시대에 학교가 제공해야 하는 교육에 대한 논의는 활발히 이루어지고 있다. 그런데 이러한 교육에 기존의 교육 공간이 적합할까? 새로운 공간이 필요하지는 않은가? 기존의 교육 공간을 재구조화한다면 어떻게 해야 할까? 우리가 원하는 교육에 적합한 공간은 있을까? 적어도 새 술은 새 부대에 담을 필요가 있을 것이다.

학교 공간과 교수-학습 활동

  학교 공간, 교실은 교수와 학습을 위한 공간이다. 교수-학습 활동은 매우 다양하며, 대개 의도하는 학습 목표에 의해 결정된다. 학습 목표에 따라 상이한 교수-학습 활동이 요구되고, 그에 적합한 공간이 구축되어야 한다. 학습 목표가 바뀌면 공간도 바뀌어야 한다.

  학교 공간과 교수-학습 활동 간의 관계에 대해서 피셔^{Fisher, 2005}는 다음과 같이 제안했다. 피셔는 교수-학습 활동을 전달, 적용, 생성, 의사소통, 의사결정 등 다섯 가지로 정하고, 각각에 적합한 학습 공간을 제안했다. 각각의 교수-학습 활동이 적절하게 이루어지려면 상이한 형태의 학습 공간이 설계되어야 한다. 전달하기를 위해서는 교수자가 다수의 학습자에게 전달하는 데 적합하도록 전통적인 교실 형태가 필요하다.

  이에 비해 적용하기 활동은 학습자 개인별, 집단별 작업 공간이 필요하다. 프로젝트, 문제, 자원 기반의 학습에서는 학습자가 생성하는 활동이 핵심이다. 이를 위한 공간에는 학습자가 생성을 용이하게 할 수 있도록 ICT 시설이 갖춰져야 한다. 의사소통하기와 의사결정하기 활동은 다수가 의견을 공유하는 데 편리한 환경이 요구된다. 특히, 실제 문제에 대한 해결 방안을 찾아내는 학습에서는 공동체나 전문가의 평가가 매우 중요하다. 이렇게 구성원이 원활하게 참여할 수 있는 공간이 요구된다.

[표 1] 교수-학습 활동과 학습 공간의 연계(Fisher, 2005:8)

교수-학습 접근	교수-학습 활동	학교
다양한 학습장이 연계되어 있는 학습자 중심 교수법	전달하기	교사의 설명을 학습자가 들을 수 있는 공간
동료 학습, 문제와 자원 기반	적용하기	개별 작업을 할 수 있는 독립된 공간 협력 학습에 적합한 집기 설치
문제와 자원 기반 학습	생성하기	ICT, 멀티미디어 활용
실제 연계 이론, 실제와 이론이 통합된 문제, 지속적 및 창의적 자원 활용, 통합 교육과정 제공	의사소통하기	조용한 공간: 다양한 과목을 상당한 시간 공부할 수 있는 다목적 공간 교수자와 학생 집단의 협업 가능한 공간
지속적인 평가, 평가에 의한 교수법 활용	의사결정하기	교수자-학습자 회의 공간 학습의 진척 확인 가능한 프로그램
실제 문제에 대한 프로젝트, 자원 기반 학습		공동체와 연계 가능한 건물과 설비 전문가, 공동체 현장 연결 ICT 설비

　　미국의 스틸케이스Steelcase^{http://www.steelcase.com}사는 교수-학습 방법에 따라 상이한 학습 공간 모형을 제시했다. 이 회사는 학습자 간의 상호작용이 필요한 경우와 교수자의 설명이 필요한 때로 구분하여 교실 공간을 상이하게 구성했다. 교실 공간에 설치된 책상, 걸상, 교사의 교단 등은 언제든지 원하는 형태로 배치될 수 있도록 자유롭게 이동할 수 있는 형태로 제작되었다. 일반적인 교실도 교수-학습 활동에 따라 재구성이 가능하다. 그렇지만 이 회사는 이러한 재구성이 용이하도록 책걸상, 칠판, 교단 등을 특별히 제작했다. 다음 사진은 책상과 걸상이 함께 붙어 있는 일체형 책걸상이다. 다른 일체형과는 달리 바퀴를 달아서 손쉽게 이동할 수 있도록 했다. 이동할 때 소지품도 함께 이동할 수 있도록 하단에 선반도 세심하게 마련했다. 수업 중 활동에 따라 거의 힘들이지 않고 공간 배치를 바꿀 수 있으므로, 전통적인 교실과는 달리 학습자 중심의 활동이 촉진되는 공간 구성이 용이할 것이다.

스틸케이스(Steelcase)사의 일체형 책걸상

학교 공간은 특정 활동을 촉진하는 반면 다른 활동은 불편하게 하는 형태로 구축되어야 한다. 예컨대 4차 산업혁명 시대의 교육은 교사의 설명보다는 학생의 능동적 참여 활동 중심의 수업이 필요하다고 한다. 창의성, 비판적 사고, 문제해결력, 융합 등의 역량은 설명이 아니라 학습자의 능동적 참여에 의해 육성된다. 따라서 학교 공간은 학습자 참여를 촉진하는 환경으로 구성하되, 동시에 교사가 전체 학급에게 전달하는 활동, 즉 설명은 불편하게 구성해야 한다. 한 공간에서 교수-학습 활동에 따라 자유롭게 구성할 수 있도록 하는 경우 교사는 대개 가장 용이한 형태의 교수-학습 활동, 대개 교사 주도의 활동을 하게 된다.

이 문제의 해결책으로는 교사의 설명이 불편하도록 교단의 위치를 교실 중앙 또는 한쪽 귀퉁이에 설치하는 방법도 있다. 책상도 학생이 둘러앉아야 하는 원탁이나 탁자 형태로 한다. 다음에 제시된 프로젝트 기반 교실은 교수-학습 활동 중에서 프로젝트 기반 수업에 맞춰진 교실 공간 형태이다. 일반적인 소집단 학습 교실처럼 이 공간에도 6명이 둘러앉을 수 있는 책상이 설치되어 있으나, 교탁과 칠판으로 구별되는 정면이 없다. 전체를 대상으로 설명하는 활동에는 맞지 않는 공간이다. 싱가포르 난양대학교 교실은 책상과 더불어 의자도 집단 활동에 맞춰져 있다. 집단 구성원마다 다른 역할을 맡기고, 각 역할마다 지정된 색의 의자에 앉도록 한다. 최근에는 원탁을 설치한 교실도 늘어나고 있다. 원탁

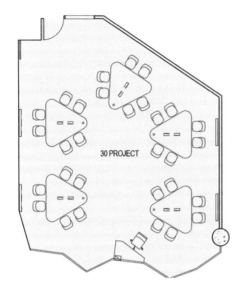

프로젝트 기반 수업 교실

싱가포르 난양대학교 교실

에 둘러앉으면, 교사의 설명을 오래 듣기 어렵다. 학생이 서로 마주 보고 있어서 상호작용을 할 수밖에 없다. 공간이 특정 활동을 촉진하고, 다른 활동을 효과적으로 억제하는 것이다.

학교 공간은 그 속에서 이루어지는 교수-학습 활동에 영향을 주고, 궁극적으로 학습 결과에 영향을 주는 것으로 확인되었다. 능동적 참여가 가능하도록 구성된 공간에서 학생의 성취도가 전통적인 교실의 학생보다 높았다. 전통적 교실에서 교사는 설명을 선호했고, 토론이 적었다. 이에 비해 능동적 참여가 요구되는 교실에서 학생은 집단으로 학습 활동을 수행하고, 교사는 교실을 돌아다니면서 도움이나 조언을 제공하는 경향을 보였다. 이러한 교실에는 학생이 사용할 수 있는 화이트보드가 곳곳에 배치되어 있으며, 이를 통해 동료 학생 간의 상호작용이 활발히 이루어졌다. 이곳의 학생들은 질문과 토론에 참여하고자 하는 의지가 더 강했다. 단지, 책걸상의 배치를 바꾸는 것으로도 교사 주도의 일방적인 설명 활동이 줄고, 학습자 간의 토론, 동료 학습 등의 활동이 늘어났다.[Brooks, 2012]

교육 중심의 학교 공간 구축

학교 공간, 교실에는 공간, 교수법(교수-학습 활동), 공학매체가 서로 얽혀 있다. 공간은 공학매체가 설치되는 곳이면서, 동시에 공학매체에 의해 확장되기도 한다. 교수법은 공간과 공학매체에 의해 촉진 또는 억제된다. 세 가지 요소 중에서 최근 정보통신기술의 발전에 힘입어 교실 혁신은 공학매체에 주로 초점이 맞춰져 왔다. 공간을 재구성하는 것에도 어느 정도 관심을 기울였지만, 교수법과 관련해 공간 자체를 설계하거나 매체를 재배치하는 것에는 소홀했다.

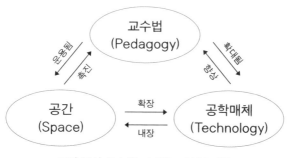

교실 구성 요소(Radcliffe, 2009: 13)

학교 공간이 효과적인가 효율적인가의 판단은 그 결과인 학습에 의해 결정된다. 원하는 학습을 얻기 위해서는 그에 적합한 교육, 교수-학습 활동이 이루어져야 한다. 그러므로 학교 공간을 구축할 때에는 교육이 우선 고려되어야 한다. 원하는 교수-학습 활동과 원치 않는 교수-학습 활동을 먼저 확인하고, 그에 부합하는 교실, 학교 공간이 구축되어야 한다. 다양한 교수-학습 활동이 이루어질 수 있도록 융통적인 공간도 필요하다. 그렇지만 교사의 일방적 전달보다는 학생의 능동적 참여와 상호작용이 이루어질 수밖에 없는 공간도 구축되어야 한다. 교사 중심의 설명이 넘쳐나는 학교교육을 학습자 중심으로 바꾸려면 설명 활동이 불편한 공간을 구축해야 한다. 교육의 변화는 교육 내용과 교육 방법을 바꾸려는 시도로 가능할 것이다. 그렇지만 교육이 이루어지는 공간을 그대로 두고서는 이러한 변화가 실현되기를 기대할 수 없다. 변화된 교육 내용과 교육 방법이 실행될 공간이 절실히 필요한 시점이다.

서울방화초등학교

희망을 노래하는 배움의 공간

이인호(한라대학교 건축학과 겸임교수, 제천간디학교 학부모회장)

   필자는 가끔 지금은 사라진 어릴 때 살던 달동네를 생각하며 아직 남아 있는 서울 하늘 아래 몇 안 되는 달동네의 골목길을 오르곤 한다. 한 사람이 겨우 다닐 만한 좁은 길을 오르다 보면 세 갈래 길이 절묘하게 입체적으로 연결되어 두세 사람 정도가 자연스럽게 소통할 수 있는 작은 하늘광장을 만난다. 다시 그 길들 위에 눈높이의 빛바랜 대문들로 올라가는 계단 한쪽에 솟아오른 나무뿌리가 자신의 등에 앉아 보라고 수줍게 웃고 있다. 길들과 담들 사이의 길고 좁은 화단들은 힘들게 오르고 있는 나그네들에게도 함박웃음을 선사해 준다. 낡고 허름한 모습이지만 그 길과 담, 대문들은 석양을 머금은 채 엷은 미소를 띠고 삶의 오래된 모습을 간직하며 살고 있다. 어느 건축가도 감히 흉내 내지 못할 숭고한 미를 간직한 우리가 배워야 할 얼굴들이 하나둘씩 사라져 간다.

배움이 숨 쉬는 장소

공간에서 장소로

갈릴레이, 뉴턴, 데카르트는 공간을 거리의 척도로, 운동의 기준 체계로, 속성의 기하학적 좌표 등으로 절대적이고 분할 불가능한 동질의 개념으로 파악했다. 이에 따라 근대의 사회적 공간도 수용기적 절대공간의 영향을 받아 모든 사물들은 공간에 영향을 미치지 못하는 수동적 위치에 머무를 수밖에 없었다. 학교도 훈육 위주의 체계를 도입해 학생들의 행동과 양식을 동질화하는 획일적 기능의 절대적 공간으로 구성했다.

이후 하이데거Martin Heidegger는 강연집 『거주함, 건축함, 사유함』에서 "건축함이란 본래 거주함이고 거주함이란 이 땅에 존재하는 방식이며 거주함으로서의 건축함이란 성장을 돌본다"라고 한다. 거주함의 본래 뜻은 "보실핌으로써 평화 속에 평화롭고 자유롭게 되게 하는 것"이다. 이것은 이 땅에 사는 존재 방식은 곧 구체적 삶이 실현되는 장소에 있다는 것이고, 그 장소들이 모여 각각의 다양한 공간의 구조를 형성한다는 것을 의미한다. 다리를 놓아야 미지의 것들이 출현하고 그것들은 배후의 선물을 가져다주며, 그 선물들은 이웃들을 불러 모아 비로소 삶의 터전이 열린다. 학교를 제2의 거주함의 장소로 만들기 위해서는 이러한 이웃들의 선물로 더 풍족한 자유가 배어나고 존재의 사유가 배고 희망을 배우는 살아 숨 쉬는 학교 공간이어야 한다.

혁신적 학교 공간

우리는 왜 공간을 혁신해야 할까? 도래하는 제4의 물결이 경계를 허

묽고 불확실하고 불투명하며 끊임없는 변화와 유동적인 문명의 흐름이 내 신체의 땀구멍을 통해 들어오고 나가기 때문일 것이다. 이런 상황에서 우리는 기존의 인간 중심적 휴머니즘의 탈을 벗어던지고 새로운 인간들 너머의 세계에 접속해야 한다. 정보의 확장은 결국 인간 신체의 확장과 더불어 시공간의 다양체들과의 새로운 해석을 요구한다. 인간, 기계의 이분법적 구도에서 인간-기계로서의 인식 전환, 즉 모든 인간의 도구적 개념들을 자연의 일부로 받아들일 때 기존의 닫혀 있거나 배제되었던 것들이 열리게 되는 것이다.

예를 들면, 이 글을 쓰고 있는 내가 안경을 착용하고 컴퓨터라는 도구의 자판을 이용하여 내 뇌의 신경회로를 무선으로 송신하고 있다. 이러한 나는 온전한 신체를 벗어난 사이보그[1]일까? 안경은 나의 보정물이자 나의 신체의 일부로 작동하고 있으며 나의 손가락 끝의 운동들은 컴퓨터의 자판과 일체가 되어 나의 손의 일부인 것이다. 이미 나는 기존의 인간 경계를 벗어나 있다. 앞으로 나아가기 전에 거슬러 올라가 그 근원적 문제에 직면하면 새로운 해석을 만날 수 있다. 학교 공간은 이러한 해석에 따라 다양한 방식으로 배치되며 끊임없는 접속의 공간으로 재구축되어야 한다.

---

1. "사이보그는 곧 인공적인 기관과 일체화함으로써 타고난 능력을 넘어서는 인간이다. 인간은 피부 바깥 세계의 인공물과 일체화해서 지식과 기능이 인스톨된 사이보그라 할 수 있다. 사이보그는 사회, 문화가 있는 것을 전제로 설계되었으므로 사회, 문화로부터 떨어져서는 자율적이지 못하다는 특징을 지닌다." 박동섭(2016), 『비고츠키, 불엽화음의 미학』, 에듀니티, 199쪽.

사용자 중심의 생활 공간

공급자에서 사용자로

대부분 공적 시설들은 사적 영역의 규모에 따라 일정 비율로 제공되는 지극히 계산적이며 통계적인 체계에 따라 분포된다. 공원, 광장, 학교, 도서관, 문화회관, 관공서 등과 터미널, 대형 복합 물류단지 등 도시 인프라도 도시의 성장과 규모에 적정치의 표준화된 공간의 배치로 이루어진다. 이런 과정에서 공적 시설들은 폐쇄적이고 관리 위주의 귀찮은 장소로 전락하게 된다. 사용자들을 임의 해석한 공급자 위주의 장소들은 무미건조하고 메마른 환경을 조성하게 되고, 사용자들은 그 장소를 필요한 만큼만 이용하고 벗어난다. 사용자들의 구체적 행위와 비전들은 사용자가 직접 참여하여 만들어 나가야 생명력을 유지할 수 있다. 공급자는 인내를 갖고 그들의 다양한 생활방식들과 호흡하며 함께 공감해야만 양질의 살아 있는 공간을 제공해 줄 수 있다. 물론 사용자들도 자신들이 잠시 사용하고 떠나는 일회성 공간을 넘어서, 스스로 만들고 꾸미고 바꾸며 치우고 정리해 나가는 사용자로서의 인식이 전제되어야 한다.

제2의 집, 학교

학교가 집과 같으려면 어떻게 해야 할까? 우선 집이 가지고 있는 특성을 보유해야 한다. 가스통 바슐라르Gaston Bachelard에 따르면 "집은 품어 주고 보호하는 기능을 가지고 있으며, 인간 삶의 안도감의 중심이며, 집은 흩어진 것들을 모으며 통합시킴으로써 인생에 지속적인 삶을 가능케 한다". 또한 "집은 몽상을 지켜 주고 몽상가를 감싸 주며, 우리를 평화롭게 꿈꾸게 한다". 이러한 꿈꾸는 집은 우리가 상상력을 키워 나가도록 그 보금자리를 제공한다. 그러나 이것은 학부모와 교사, 교육 정책 당국 등이 모두 학생과 함께 각자가 하나의 주체로서 역할을 감당할 때에만 가능하다. 집같이 편안하고 안정감을 주고 상상력을 자극하는 학교 공간은 무엇보다 소중하다.

리좀적 사유의 공간

수목형 구조에서 리좀적 구조로

로장스틸과 프티토의 "한 사회에서 임의의 두 사람이 꼭 한 명의 공통된 친구를 갖고 있다면, 다른 모든 사람들의 친구인 한 사람이 존재한다"라는 저 유명한 우정의 정리는 "이런 식으로 두 사람이 사귈 때 보편적인 친구는 누구인가? … 이 점과 관련해 저자들은 이를 독재의 정리라고 부른다. 이것이야말로 뿌라-나무의 원리이며… '권력'의 구조라는 것이다"[2]의 수목형 구조는 위계화된 관계와 중심 장치를 갖는 것이 특징이다. 우리가 앞서 살펴본 대로 절대적 공간의 개념이 바로 이런 것이다. 아무리 다른 모습을 취한다 해도 결국 그 중심으로 소환되는 주체는 수동적 주체일 뿐이고, 거기에는 창발성의 개념이 결여되어 있다. 현재 우리의 학교 공간을 살펴보면 이러한 수목형의 공간 구조를 쉽게 발견할 수 있다.

우선 학교의 경계를 형성하는 울타리나 담은 (요즘은 생울타리를 하는 경우도 있지만) 학교라는 공간을 섬처럼 둘러싸 외부의 위험으로부터

---

2. 질 들뢰즈·펠릭스 가타리(2003), 『천 개의 고원』, 새물결, 39쪽.

보호하고 안에서의 시스템을 잘 작동시키기 위해 영역을 한정한다. 반대로 경계 밖 도로나 길과 주변 마을은 그 담으로 인해 도시의 흐름이 끊겨 적막하고 생동감을 잃은 공간으로 변한다. 학교라는 자기 완결적으로 확보된 독립 영역은 주변과의 단절을 선언하는 듯하다. 또한 운동장과 교사동의 이분법적 외부 공간의 대립은 내부와 외부의 공간의 용법과 시간의 구분을 명료하게 구분함으로써, 학생들의 행위와 사고 또한 안과 밖이라는 이분법적인 구도에 사로잡혀 점점 고정화되고 유연한 사유를 잃게 한다.

현관이나 홀 등은 오로지 출입 기능과 학교에서 전달해야 하는 정보를 알리는 기능만 있어서 하나의 표정으로서의 현관의 얼굴만 기억할 뿐이다. 계단에서 복도로 이어지는 길은 어떤 마주침도 허용하지 않는 고속도로와 같아 최단시간에 막힘없이 자신의 교실로 안내한다. 그 길들은 최소한의 사물함과 빗자루만 허용한다. 오직 잘 준비된 수업시간에 늦지 않도록 작동할 뿐이다. 동일한 크기의 박스형 교실에서는 전면 교탁을 향해 일렬로 잘 나열된 책상들이 자신의 자리를 부여한다. 그들은 자신의 학년에 맞게 구성된 엄청난 양의 체계화되고 빈틈없는 다양한 지식을 하루 종일 집중하며 만나야 한다. 이러한 공간에서 습득된 지식은 표면적으로는 엄청난 양분을 제공받는 것 같지만, 사실 대부분은 소화가 잘되지 않아 바로 배설되어 버린다. 이러한 하나의 원칙, 즉 정해진, 평가받기 위한 지식의 습득 목표를 제외하고는 그 어느 것도 우선시될 수 없는 구조에서 어떻게 다양한 가치와 창의적인 인재를 기대할 수 있겠는가? 반면, 뿌리 없는 줄기들이 분기되고 새로운 접속을 향해 뻗어나가는 형상을 리좀rhyzome적 구조[3]라 한다.

질 들뢰즈Gilles Deleuze와 펠릭스 가타리Félix Guattari의 『천 개의 고원』

고전적 형태의 교실과 복도

에서 언급된 리좀의 특성 중 하나는 이질적인 것들의 접속이다. 이것이냐, 저것이냐가 아닌 '와'를 중심에 두는 개념이다. A와 B가 접속하면 A나 B가 아닌 전혀 다른 C로 변이된다. 또 이들은 이질적인 다른 모든 것들에 대해 접속을 허용하며 정해진 방향도 없이 한 번도 가 보지 않은 길은 스스로를 변형하며 절단과 채취를 이어 나간다. 접속항이 하나가 더 추가되면 현 차원을 규정해 왔던 동일성의 척도나 원리로 환원되지 않고 그 전체의 의미를 바꾸어 버린다.

또한 이 다양체들 하나하나는 고유한 차이 그 자체로 의미를 갖는다. 즉, '하나'로서의 '다수'이고 '다수'이면서 '하나'인 다중체이다. 이것은 언어의 구체적 의미를 부여하는 기의를 갖지 않으며, 소리나 음성들을 비의미적 기표로 절단해 주어진 선들을 끊고 벗어난다. 그렇게 탈영토화되며 새로운 차원의 재영토화를 실현해 나간다. 이러한 접속들의 특징은 이질성, 다수성, 차이, 반복구조, 생성, 변이, 다양체, 다차원, 탈영토, 평면화, 배치, 재영토화, 지층화 등의 개념들을 파생해 나간다.

리좀적 평면의 구성

접속이 다양하게 연결되려면 모든 항들이 평면에서 만나야 한다. 그래야 서로 간에 자유로운 결합과 변이의 과정이 순조롭게 이루어진다. 또한 하나의 평면이 또 다른 지층의 평면과도 접속과 상호 침투가 가능하다. 여기에서 공간의 유연성, 다목적성, 순환적 모델, 매개 등의 요소들

---

3. "언제나 n-1에서(하나가 다양의 일부가 되려면 언제나 이렇게 빼기를 해야 한다) 다양체를 만들어 내야 한다면 유일을 빼고서 n-1에서 써라. 그런 체계를 리좀이라고 부를 수 있을 것이다. 땅 밑 줄기의 다른 말인 리좀은 뿌리나 수염뿌리와는 완전히 다르다. 구근이나 덩이줄기는 리좀이다." 질 들뢰즈·펠릭스 가타리(2003), 『천 개의 고원』, 새물결, 18쪽.

이 추출된다. 우리는 이 요소들을 각 영역들에 적절히 배치함으로써 공간을 더욱더 입체적이며 독립적이고 개성 있게 표현할 수 있다. 각 영역별로 리좀적 평면의 구성을 상상해 보자.

울타리

울타리는 분명히 경계를 표시해야 한다. 그것은 내적으로 자신들만의 고유한 특질을 갖는 학습역량을 강화하는 막으로서의 역할을 의미한다. 그래야만 주변에 배타적이지 않은 함께 숨 쉬는 껍질로서의 기능을 담당할 수 있다. 경계라는 단순한 기능을 넘어 그것의 밖에서는 쉼터, 그늘, 휴게, 운동, 전시 등의 복합 기능을 갖추며 학교 내의 행사를 엿볼 수 있는 길게 형성된 다양한 스트리트형 문화 및 교류의 장으로 재탄생시키면 어떨까. 많은 눈들이 서로 교차하며 많은 사건들이 우연히 발생하는 학교 울타리, 그 선형들 위에 문화, 체육시설과 강당, 북 카페, 마을 정보센터, 유치원, 탁아소, 간단한 매점 등이 연속적으로 배치되면 학교의 아름다운 둘레길이 형성될 것이다.

학교 부지

대부분 학교 부지는 단순히 교사동과 운동장 등 수평적 면적을 기준으로 계산하여 평활한 지형을 넓게 확보한다. 심지어 경사면 부지도 평평하게 조성하기 위해 옹벽으로 둘러싸 버린다. 이렇게 되면 정말 고립된 요새를 만들어 주변 환경과 동떨어진 나 홀로의 성이 되고 만다. 만약 학교 부지가 경사가 심하다면 이미 다양한 동선과 기능들이 입체적으로 연결될 수 있는 천혜의 조건을 갖춘 셈이다. 높은 산등성이에 옥상마당과 연결되는 생태학습장을 배치해 생태계를 직접 관찰하는 학습에 활용할 수 있고, 옥상정원에는 점심시간에 먹을 각종 야채를 심어 신선한 먹거리를 직접 채취하는 학습장이 될 수 있다. 열린 중정을 통해 각자의 교실이나 식당, 도서관으로 연결되는 옥외 계단과 복도를 만들고 각 층에서 지면과 연결되는 모든 층들이 1층인 그러한 구조를 만들 수 도 있다. 그 외에도 너무나도 많은 다양한 접속의 공간이 우리를 기다려 줄 것이다.

운동장

우리나라 학교들의 운동장은 하나만 배치되고 그 규모 또한 너무 크다. 대각선 길이가 최소 100미터 이상 되어야 하는 규정 때문인가? 필요하다면 실내 체육관이나 옥상면을 활용할 수 있다. 일 년에 몇 번 특별한 행사를 제외하고는 평상시 대부분은 비어 있어 오히려 통학 거리만 멀게 느껴지고 유지, 관리도 힘들다. 교사동 내부의 사이 공간에 소공원(운동장)을 다수 배치하여 학생들이 수시로 자유롭게 이용할 수 있게 하고, 대운동장은 절반 정도 크기로도 운용할 수 있는 프로그램을 개발하면 될 것이다. 대운동장이 필요한 행사는 지역사회가 공용으로 쓰는 공설운동장을 활용하거나 서너 개의 학교가 공동으로 쓰는 운동장을 만드는 방법도 있다. 반면 학교 운동장을 풋살장, 농구장, 트리하우스, 클라이밍 시설, 야외 공연장 등 다양하게 구성할 수 있다. 이 또한 실내 체육관이나 문화 관련 시설과 유기적으로 연결되어야 활용도가 높아진다.

현관 입구

현관 입구는 출입의 기능과 함께 모든 이용자들의 자연스러운 마주침이 일어나는 좀 특별한 장소이다. 이곳의 공간을 풍성하게 만들면 오가면서 짧은 대화와 소통이 일어나 서로의 안부와 인사를 나눌 수 있게 된다.

입구에 낮은 턱들을 이용해 벤치나 의자 등으로 사용할 수 있고, 현관 기둥이 있다면 기단을 넓혀 앉을 자리를 만들어 준다. 또한 전이 공간의 레이어를 추가로 배치해 개인적 담소도 가능한 매개 공간을 둔다면 더 바람직하다. 그 외에도 외부의 조각공원이나 산책로와도 적극적으로 연결해 대화가 꾸준히 일어날 수 있도록 구성한다면 웃음을 나누는 학교가 될 수 있을 것이다.

홀과 계단

지금의 홀은 조금 넓은 통로일 뿐이다. 홀의 개념을 계단과 함께 다수가 다양한 활동을 할 수 있는 공간으로 바꿔 보자. 홀에 필요한 수납공간을 이용해 중간에 포켓 공간을 형성해 쉼터를 만들 수 있고, 로비 공간은 자연스럽게 북 카페와 오픈 스튜디오로 활용할 수 있다. 몇 개 층을 오픈하여 계단을 통해 각 층의 복도와도 입체적으로 연결하면 계단 또한 스탠드를 겸한 계단식 집회나 개별 행위가 일어날 수 있도록 조성된다. 여기에 외부 정원이나 전시관도 같이 연계시키면 다양한 유기적 공간이 탄생할 것이다.

복도

앞서 말했듯이 단순한 동선으로서의 기능뿐만 아니라 교실과 연계된 매개 공간으로 공간의 성격을 재규정해야 한다. 복도는 수업시간 앞, 뒤로 틈새 시간에 잠시 휴식과 대화가 가능하도록 해야 한다. 또한 학습

대화와 소통이 가능한 출입 공간

이 복도에서도 연장될 수 있도록 하며 외부 공간과의 출입이 직접 가능하게 하여 적극적인 전이 공간의 역할도 겸비할 수 있어야 한다. 이상을 종합해 보면 잠깐 휴식, 통로, 학습 매개, 외부 연결 등 복도의 다기능적 효과를 연상할 수 있다. 또한 창문 하부 단을 넓혀 벤치를 만든다거나 복도 벽을 수납공간과 개인이나 두세 명이 사용할 수 있는 여러 모양의 작은 쉼터, 두 개 층 정도를 오픈하여 입체적 복도로 구성하는 등 다양한 상상력을 발휘할 수 있다.

교실

교실은 일반 교실과 특수 교실로 구분되고 여러 반이 합반하여 수업하는 소강당까지 포함한다. 물론 특수 교실은 그 기능을 잘 발휘하도록 각종 장치들로 인해 규모나 형태가 우선시된다. 그러나 교실은 학생이나 교사에게는 집과 같은 안락함이 느껴지도록 개별적인 독립성이 확보됨과 동시에 수업의 형식에 따라 다양한 구조의 변화가 가능해야 한다. 동일한 모듈의 반복이 아닌 여러 개의 모듈이 마치 레고처럼 유닛을 변경할 수 있도록 구성하면 반마다 독특한 자기만의 공간을 꾸밀 수 있다. 어떤 교실은 중층으로, 어떤 교실은 거실과 테라스가 있고, 어떤 교실은 자체 전시실을 갖춘다거나 하는 방식이 가능하도록 변경이 용이한 건축의 공법이 필요하다. 교사동 내에 자기만의 교실 꾸미기 프로젝트, 상상만으로도 재미있다.

공감의 건축

타자와의 소통이 가능한 공간

제러미 리프킨Jeremy Rifkin은 저서 『공감의 시대』에서 산업혁명의 시대는 새로운 에너지의 활용과 함께 커뮤니케이션이 결합되어서 가능했다고 말하면서 공감의 능력을 중요시했다. 이 시대의 인간이 마치 자기만족을 위해 타자를 이용해 자신의 이익만 추구하는 이기적 속성을 갖는 종이라는 인식은 자본주의가 만들어 낸 잘못된 허상이다. 주체의 해체와 탈중심화 개념은 자기중심적 사유의 틀을 벗어나 타자성을 중심 개념으로 보고 이웃과 타인에 대한 연대와 공감의 시대로 변환하는 사유의 전환을 필요로 한다. 공감의 건축은 이런 타인을 배려하는 공간을 배치함으로써 다자의 소통이 가능할 뿐 아니라 새로운 창조적 사고를 가능케 하는 다양한 장소로 거듭나야 한다.

열림을 향한 민주적 공간

민주적이라 함은 '주권은 민에게 있다'라는 근본 전제에서 출발해야한다. 학교에서의 민주적 권리들의 주체는 학생뿐만 아니라 학교에 관계하는 모든 이들일 것이다. 그것을 실현하기 위해 자유로운 의사결정, 정치적 발언의 보장, 자율적이고 자발적인 자치행정 등 수많은 방법들이 있지만, 이런 것들이 잘 실현되려면 공간 자체가 민주적 구성이어야한다.

민주적 공간은 첫째, 폐쇄적이지 않아야 하며, 모든 구성원들에게 개방된 형태를 취하고 의도적이지 않으면서 자연스러운 열림의 공간이 되어야 한다. 둘째, 쉬고 싶거나 혼자 있고 싶을 때 언제라도 편안한 상태에서 시간을 보낼 수 있는 장소가 있어야 한다. 얽매여 있는 시간에서 벗어나 자신의 심신을 보충하는 사색과 성찰의 공간이 필요하다. 셋째, 자연과의 적극적 접촉이 일어날 수 있도록 외부의 공간이 다양한 방법으로 침투해 있어 생활 속에서 자연의 소리와 익숙해져야 한다. 자연과의 지속적인 만남과 깊이 있는 관찰을 통해 직접적 체험과 인식의 과정들이 변화를 겪으며 세계를 향한 공감적 능력을 촉발시킬 수 있다.

또한 여러 가지 민주적 의사결정을 잘하기 위해서는 판단할 수 있는 수준 높은 능력이 있어야 한다. 그 능력은 기존의 정해진 사고를 벗어나는 것으로부터 시작한다. 삐딱하게 보기, 거꾸로 보기, 뒤돌아보기 등 다른 시선으로 살펴보고 분석해야 진정한 의사표현 역량을 가질 수 있다. 우리가 만드는 다양하고 수평적이며 연구와 사색할 수 있는 그런 민주적 공간에서라면 이러한 역량 함양이 가능하다.

꿈과 희망의 학교 공간

우리의 꿈은 두 가지로 설명된다. 하나는 자신의 미래 희망을 찾아가는 것이고, 나머지는 매일 잠들면 꾸는 꿈이다. 미래의 꿈은 현재의 상황들을 소중히 가꾸어 나와 타인들을 향한 아름다운 메시지들이 상상의 바다를 찾아가는 것이라고 할 수 있다. 반면에 매일 밤 꾸는 꿈들은 하루하루 반복되는 일상의 반성적 또는 무의식의 욕망이 표출되는 것이다. 두 꿈 모두 우리의 잠재적 에너지들을 현행화하려는 일련의 운동 과정으로 새로운 쓰기를 반복한다. 이러한 변화 속의 작은 차이들은 반드시 희망의 불씨를 키운다. 이미 주어진 대로 행하는 실존적 세계에서 벗어나 타자와 함께 만들어 가는 자발적 공동체로 그들의 꿈들을 실현해 나아가야 한다. '해야 한다, 그러므로 할 수 있다'에서 '하고 싶다, 그러므로 할 수 있다'로의 사고의 전환은 행복을 꿈꾸게 한다. 그러므로 모든 것을 잘 짜서 제공해 주는 수동적 공간이 아니라, 스스로 발견하고 변형하고 싶은 욕망을 불러일으키는 느슨한 공간 기법을 학교 건축에 적극적으로 적용해야 할 때이다.

참고 자료

• 배움의 공간, 상상에서 현실로

계보경(2016). 「미래 학교 공간의 설계 방향」. 『한국교육시설학회지』 23(4), 18-22.

김경인(2011). 『공간이 아이를 바꾼다』. 중앙books.

김선호·한동욱(2010). 「중·고등학교의 교과교실형 홈베이스 공간 구성 및 운영에 관한 연구」. 『대한건축학회 학술발표대회논문집』 30(1), 13-14.

김승회(2015). 「서울특별시교육청 '서울교육공간플랜'을 위한 제안 자료」.

김태완(2015). 「미래 학교 도입을 위한 기본 설계 구상」(현안보고 CP 2015-01-8). 한국교육개발원.

나은중·유소래(2017). 『교육 공간의 새로운 발견』. C Program.

류호섭(2016). 「존 듀이의 교육철학에 따른 학교와 공간 구성 개념 고찰」. 『한국교육시설학회지』 23(4), 21-30.

서울시교육청(2017). 『학교, 고운 꿈을 담다』.

서울시교육청(2018). 『꿈을 담은 교실 만들기 가이드북』.

송병준·주범(2011). 「미래 사회에 대응하는 학교 건축 계획 방향에 대한 기초연구-초중고등학교 시설을 중심으로」. 『한국실내디자인학회 논문집』 20(1), 190-198.

송순재(2011). 『상상력으로 교육에 말 걸기』. 아침이슬.

송순재(2005). 「학교 건축의 교육학적 성찰, 어디서 어떻게 구현되어야 하는가?」. 『초등 우리교육』. 송순재의 학교 환경 이야기, 54-58.

신나민·박종향(2011). 「학교 공간 개선이 학생, 교사, 학교 및 지역사회에 미치는 다면적 효과에 관한 연구」. 『한국교육시설학회지』 18(6), 45-56.

이경선(2016). 「미래 학교의 디자인 방향」. 『한국교육시설학회지』 23(4), 12-17.

이시도 나나코(2014). 『미래교실』. 청어람미디어.

이연수(2009). 「미래형 생활 패턴에 대응하는 학교 건축」. 『건축』 53(7), 15-18.

이용환·이용환(2011). 「정보화시대의 교수·학습 변화에 대응하는 고등학교 건축 계획 방향에 관한 연구」. 『디지털디자인학연구』 11(4), 459-468.

조성희(2010). 「학교 공간에서 색채의 역할」. 『한국교육시설학회지』 17(1), 42-46.

한국교육사학회(2011). 『역사 속의 교육 공간, 그 철학적 조망』. 학지사.

한영기(2017). 「서울교육정책의 전망과 과제」. 2017 교육정치학회 학술대회 발표 자료.

홍선주·이명진·최영인·김진숙·이연수(2016). 「지능정보사회 대비 학교 교육의 방향 탐색」(연구자료 ORM 2016-26-9). 한국교육과정평가원.

Finnish National Board of Education(2014). National Core Curriculum for Basic Education.

John Dewey(1915). The School and Society. The University of Chicago Press.

KERIS(2011-12). 미래 학교 체제 도입을 위한 Future School 2030 모델 연구.

OECD(2001). Scenarios for the Future of Schooling. Published in What Schools for the Future?

• 서울교육공간의 미래를 위한 일곱 개의 실천 전략

http://buseo.sen.go.kr/web/services/bbs/bbsView.action?bbsBean. bbsCd=94&bbsBean.bbsSeq=7426&ctgCd=201

• 서울형 학교 공간 혁신, 미래교육을 담다

서울특별시교육청(2018). 「서울교육공간플랜」.

서울특별시교육청(2017, 2018, 2019). 『서울교육공간 디자인 혁신 사업 백서』.

서울특별시교육청(2017~2019) 설계공모 당선작.

서울특별시교육청(2018). 『꿈을 담은 교실 만들기 가이드북』.

월간 『공간』(2018) 1월호.

서울특별시교육청(2020). 「주요 업무계획」.

• 꿈을 담는 학생 중심 학교 공간

이재림(2018). 「교육 수요자 맞춤 교육 서비스 공간 재배치 방안 연구」. 대전광역시교육청 정책연구보고서.

이재림(2018). 「부지협소 대응형 초등학교 건축모델 연구용역」. 서울시교육청 정책연구보고서.

이재림(2015). 「노인재가복지시설의 학교시설복합화 타당성에 관한 연구」. 『교육정책연구』 2, 96-122.

이재림(2015). 「국제안전인증학교 운영 특성에 관한 기초 연구」. 『한국교육시설학회지』 22(6).

마스다 히로야(2015). 『지방소멸』. 김정환 옮김. 와이즈베리.

이재림(2013). 「농산촌 소규모 학교 통폐합 정책에 관한 연구」. 『교육환경연구』 12(2), 26-35.

신나민 외(2011). 「학교 공간 개선이 학생, 교사, 학교 및 지역사회에 미치는 다면적 효과에 관한 연구」.『교육시설 논문지』 18(6), 45-56.

양병찬(2008).「농촌 학교와 지역의 협력을 통한 지역교육공동체 형성: 충남 홍동 지역 "풀무교육공동체" 사례를 중심으로」.『평생교육학연구』 14(3), 129-151.

• 스스로 꿈을 키우는 놀이 공간

교육정책연구소(2017).「아이들이 놀러 오는 학교놀이터 조성 방안 연구」.

• 학생과 교사가 만드는 학교 건축

송은아(2009).「사용자 참여 디자인의 적용 방법에 관한 연구」.『한국문화공간건축학회』 제25호.

이화룡·조창희(2013).「학교 건축 사용자 참여 디자인 방법의 국가 간 비교 연구」.『대한건축학회』 제29권 제7호.

조창희·이화룡(2015).「학교 건축 사용자 참여 디자인의 효율적 운영 방법 연구」.『한국교육시설학회지』 제22권 1호.

Armstrong and Stojmirovic(2011). Participate: Designing with user-generated content. Princeton Architectural Press.

Clay Spinuzzi(2005). The Methodology of Participatory Design. Technical Communication, Vol. 52, No. 2.

Cindy S. Moelis(2002). Lessons from the Chicago Public Schools Design Competition. Schools for cities urban strategies.

• 창의적인 교육환경 생각해 보기

권영걸(1995).「통합과 소통의 디자인 교육」.『월간 인테리어』 110권.

김남순(1999).『교육행정과 교육경영』. 교육과학사.

신동로(1994).『교육과정 교육평가 탐구』. 교육과학사.

최인규(2008).『공공 디자인 펀더멘털』. 시공문화사.

최인규(2008).『역사로 보는 공공 디자인』. 도서출판가인.

최인규(2004).「학술진흥재단 보고서 G0005」.

『2004 색채교육 콜로키엄 발표 자료집』(2004). 서울대학교 KDRI.

• 미래교육을 위한 학교 공간

Brooks, D.(2012). Space and consequences: The impact of different formal learning spaces on instructor and student behavior. Journal of Learning Spaces, 1(2). Retrieved from http://libjournal.uncg.edu/jls/article/

view/285/275.

Fisher, K.(2005). Linking pedagogy and space: proposed planning principles. Department of Education and Training [Victoria], section 2.09. Retrieved from: http://www.eduweb.vic.gov.au/edulibrary/public/assetman/bf/Linking_ Pedagogy_and_Space.pdf.

Radcliffe, D.(2009). A pedagogy-space-technology (PST) framework for designing and evaluating learning places, in: D. Radcliffe, H. Wilson, D. Powell & B. Tibbetts (Eds) Proceedings of the Next Generation Learning Spaces 2008 Colloquium (Brisbane, Australia, University of Queensland). Retrieved December 11, 2017 from http://www.uq.edu.au/nextgenerationlearningspace /UQNextGeneration Book.pdf.

| 사진 출처

http://www.koscaj.com/news/photo/ 201206/60525_12558_293.jpg

https://happyedu.moe.go.kr/utl/web/imageSrc.do?path=20180813&physical =8B82A2DB275949FCA25370028505BA79&contentType=image/jpeg

https://img.sbs.co.kr/newimg/news/20170521/201051110_1280.jpg

http://m.mediapen.com/news/view/84594

https://www.steelcase.com/products/collaborative-chairs/node/

http://www.lib.rmit.edu.au/guides/learning_spaces /Projectbased.pdf

•희망을 노래하는 배움의 공간

가스통 바슐라르(Gaston Bachelard)(2003). 『공간의 시학』. 곽광수 옮김. 동문선.

오토 프리드리히 볼로(Otto Friedrich Bollnow)(2014). 『인간과 공간』. 이기숙 옮김. 에코리브르.

엠마누엘 레비나스(Emmanuel Levinas)(2014). 『시간과 타자』. 강영안 옮김. 문예출판사.

이진경(2012). 『근대적 시·공간의 탄생』. 그린비.

제러미 리프킨(Jeremy Rifkin)(2019). 『공감의 시대』. 이경남 옮김. 민음사.

질 들뢰즈(Gilles Deleuze)·펠릭스 가타리(Félix Guattari)(2003). 『천 개의 고원』. 김재인 옮김. 새물결.

질 들뢰즈(Gilles Deleuze)(2004). 『차이와 반복』. 김상환 옮김. 민음사.

헤르만 헤르츠버거(Herman Hertzberger)(2009). 『헤르만 헤르츠버거의 건축수업』. 안진이 옮김. 효형출판.

삶의 행복을 꿈꾸는 교육은 어디에서 오는가?

● **교육혁명을 앞당기는 배움책 이야기** 혁신교육의 철학과 잉걸진 미래를 만나다!

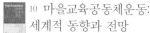

● 비고츠키 선집 시리즈 발달과 협력의 교육학 어떻게 읽을 것인가?

 생각과 말
레프 세묘노비치 비고츠키 지음
배희철·김용호·D. 켈로그 옮김 | 690쪽 | 값 33,000원

 도구와 기호
비고츠키·루리야 지음 | 비고츠키 연구회 옮김
336쪽 | 값 16,000원

 어린이 자기행동숙달의 역사와 발달 I
L.S. 비고츠키 지음 | 비고츠키 연구회 옮김
564쪽 | 값 28,000원

 어린이 자기행동숙달의 역사와 발달 II
L.S. 비고츠키 지음 | 비고츠키 연구회 옮김
552쪽 | 값 28,000원

 어린이의 상상과 창조
L.S. 비고츠키 지음 | 비고츠키 연구회 옮김
280쪽 | 값 15,000원

 비고츠키와 인지 발달의 비밀
A.R. 루리야 지음 | 배희철 옮김 | 280쪽 | 값 15,000원

 수업과 수업 사이
비고츠키 연구회 지음 | 196쪽 | 값 12,000원

 비고츠키의 발달교육이란 무엇인가?
비고츠키교육학실천연구모임 지음 | 412쪽 | 값 21,000원

비고츠키 철학으로 본 핀란드 교육과정
배희철 지음 | 456쪽 | 값 23,000원

 성장과 분화
L.S. 비고츠키 지음 | 비고츠키 연구회 옮김
308쪽 | 값 15,000원

 연령과 위기
L.S. 비고츠키 지음 | 비고츠키 연구회 옮김
336쪽 | 값 17,000원

 의식과 숙달
L.S 비고츠키 | 비고츠키 연구회 옮김
348쪽 | 값 17,000원

 분열과 사랑
L.S. 비고츠키 지음 | 비고츠키 연구회 옮김
260쪽 | 값 16,000원

 성애와 갈등
L.S. 비고츠키 지음 | 비고츠키 연구회 옮김
268쪽 | 값 17,000원

 흥미와 개념
L.S. 비고츠키 지음 | 비고츠키 연구회 옮김
408쪽 | 값 21,000원

 관계의 교육학, 비고츠키
진보교육연구소 비고츠키교육학실천연구모임 지음
300쪽 | 값 15,000원

비고츠키 생각과 말 쉽게 읽기
진보교육연구소 비고츠키교육학실천연구모임 지음
316쪽 | 값 15,000원

 교사와 부모를 위한 비고츠키 교육학
카르포프 지음 | 실천교사번역팀 옮김
308쪽 | 값 15,000원

 혁신교육, 철학을 만나다
브렌트 데이비스·데니스 수마라 지음
현인철·서용선 옮김 | 304쪽 | 값 15,000원

혁신교육 존 듀이에게 묻다
서용선 지음 | 292쪽 | 값 14,000원

 다시 읽는 조선 교육사
이만규 지음 | 750쪽 | 값 33,000원

 대한민국 교육혁명
교육혁명공동행동 연구위원회 지음
224쪽 | 값 12,000원

 경쟁을 넘어 발달 교육으로
현광일 지음 | 288쪽 | 값 14,000원

 독일 교육, 왜 강한가?
박성희 지음 | 324쪽 | 값 15,000원

 핀란드 교육의 기적
한넬레 니에미 외 엮음 | 장수명 외 옮김
456쪽 | 값 23,000원

 한국 교육의 현실과 전망
심성보 지음 | 724쪽 | 값 35,000원

● 4·16, 질문이 있는 교실 마주이야기 통합수업으로 혁신교육과정을 재구성하다!

통하는 공부
김태호·김형우·이경석·심우근·허진만 지음
324쪽 | 값 15,000원

내일 수업 어떻게 하지?
아이함께 지음 | 300쪽 | 값 15,000원
2015 세종도서 교양부문

인간 회복의 교육
성래운 지음 | 260쪽 | 값 13,000원

교과서 너머 교육과정 마주하기
이윤미 외 지음 | 368쪽 | 값 17,000원

수업 고수들
수업·교육과정·평가를 말하다
박현숙 외 지음 | 368쪽 | 값 17,000원

도덕 수업, 책으로 묻고 윤리로 답하다
울산도덕교사모임 지음 | 320쪽 | 값 15,000원

체육 교사, 수업을 말하다
전용진 지음 | 304쪽 | 값 15,000원

교실을 위한 프레이리
아이러 쇼어 엮음 | 사람대사람 옮김
412쪽 | 값 18,000원

마을교육공동체란 무엇인가?
서용선 외 지음 | 360쪽 | 값 17,000원

교사, 학교를 바꾸다
정진화 지음 | 372쪽 | 값 17,000원

함께 배움
학생 주도 배움 중심 수업 이렇게 한다
니시카와 준 지음 | 백경석 옮김 | 280쪽 | 값 15,000원

공교육은 왜?
홍섭근 지음 | 352쪽 | 값 16,000원

자기혁신과 공동의 성장을 위한
교사들의 필리버스터
윤양수·원종희·장군·조경삼 지음 | 280쪽 | 값 14,000원

함께 배움 이렇게 시작한다
니시카와 준 지음 | 백경석 옮김 | 196쪽 | 값 12,000원

함께 배움 교사의 말하기
니시카와 준 지음 | 백경석 옮김 | 188쪽 | 값 12,000원

교육과정 통합, 어떻게 할 것인가?
성열관 외 지음 | 192쪽 | 값 13,000원

미래교육의 열쇠, 창의적 문화교육
심광현·노명우·강정석 지음 | 368쪽 | 값 16,000원

주제통합수업,
아이들을 수업의 주인공으로!
이윤미 외 지음 | 392쪽 | 값 17,000원

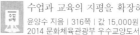
수업과 교육의 지평을 확장하는 수업 비평
윤양수 지음 | 316쪽 | 값 15,000원
2014 문화체육관광부 우수교양도서

교사, 선생이 되다
김태은 외 지음 | 260쪽 | 값 13,000원

교사의 전문성, 어떻게 만들어지나
국제교원노조연맹 보고서 | 김석규 옮김
392쪽 | 값 17,000원

수업의 정치
윤양수·원종희·장군 지음 | 280쪽 | 값 14,000원

학교협동조합,
현장체험학습과 마을교육공동체를 잇다
주수원 외 지음 | 296쪽 | 값 15,000원

거꾸로 교실,
잠자는 아이들을 깨우는 수업의 비밀
이민경 지음 | 280쪽 | 값 14,000원

교사는 무엇으로 사는가
정은균 지음 | 292쪽 | 값 15,000원

마음의 힘을 기르는 감성수업
조선미 외 지음 | 300쪽 | 값 15,000원

작은 학교 아이들
지경준 엮음 | 376쪽 | 값 17,000원

아이들의 배움은 어떻게 깊어지는가
이시이 준지 지음 | 방지현·이창희 옮김
200쪽 | 값 11,000원

대한민국 입시혁명
참교육연구소 입시연구팀 지음 | 220쪽 | 값 12,000원

교사를 세우는 교육과정
박승열 지음 | 312쪽 | 값 15,000원

전국 17명 교육감들과 나눈 교육 대담
최창의 대담·기록 | 272쪽 | 값 15,000원

들뢰즈와 가타리를 통해 유아교육 읽기
리세롯 마리엣 올슨 지음 | 이연선 외 옮김
328쪽 | 값 17,000원

학교 혁신의 길, 아이들에게 묻다
남궁상운 외 지음 | 272쪽 | 값 15,000원

프레이리의 사상과 실천
사람대사람 지음 | 352쪽 | 값 18,000원
2018 세종도서 학술부문

혁신학교, 한국 교육의 미래를 열다
송순재 외 지음 | 608쪽 | 값 30,000원

페다고지를 위하여
프레네의 『페다고지 불변요소』 읽기
박찬영 지음 | 296쪽 | 값 15,000원

노자와 탈현대 문명
홍승표 지음 | 284쪽 | 값 15,000원

선생님, 민주시민교육이 뭐예요?
염경미 지음 | 244쪽 | 값 15,000원

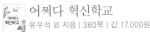
어쩌다 혁신학교
유우석 외 지음 | 380쪽 | 값 17,000원

미래, 교육을 묻다
정광필 지음 | 232쪽 | 값 15,000원

대학, 협동조합으로 교육하라
박주희 외 지음 | 252쪽 | 값 15,000원

입시, 어떻게 바꿀 것인가?
노기원 지음 | 306쪽 | 값 15,000원

촛불시대, 혁신교육을 말하다
이용관 지음 | 240쪽 | 값 15,000원

라운드 스터디
이시이 데루마사 외 엮음 | 224쪽 | 값 15,000원

미래교육을 디자인하는 학교교육과정
박승열 외 지음 | 348쪽 | 값 18,000원

흥미진진한 아일랜드 전환학년 이야기
제리 제퍼스 지음 | 최상덕·김호원 옮김 | 508쪽 | 값 27,000원
2019 대한민국학술원 우수학술도서

폭력 교실에 맞서는 용기
따돌림사회연구모임 학급운영팀 지음
272쪽 | 값 15,000원

그래도 혁신학교
박은혜 외 지음 | 248쪽 | 값 15,000원

학교는 어떤 공동체인가?
성열관 외 지음 | 228쪽 | 값 15,000원

학교 민주주의의 불한당들
정은균 지음 | 276쪽 | 값 14,000원

교육과정, 수업, 평가의 일체화
리사 카터 지음 | 박승열 외 옮김 | 196쪽 | 값 13,000원

학교를 개선하는 교장
지속가능한 학교 혁신을 위한 실천 전략
마이클 풀란 지음 | 서동연·정효준 옮김 | 216쪽 | 값 13,000원

공자뎐, 논어는 이것이다
유문상 지음 | 392쪽 | 값 18,000원

교사와 부모를 위한
발달교육이란 무엇인가?
현광일 지음 | 380쪽 | 값 18,000원

교사, 이오덕에게 길을 묻다
이무완 지음 | 328쪽 | 값 15,000원

낙오자 없는 스웨덴 교육
레이프 스트란드베리 지음 | 변광수 옮김
208쪽 | 값 13,000원

끝나지 않은 마지막 수업
장석웅 지음 | 328쪽 | 값 20,000원

경기꿈의학교
진흥섭 외 지음 | 360쪽 | 값 17,000원

학교를 말한다
이성우 지음 | 292쪽 | 값 15,000원

행복도시 세종,
혁신교육으로 디자인하다
곽순일 외 지음 | 392쪽 | 값 18,000원

나는 거꾸로 교실 거꾸로 교사
류광모·임정훈 지음 | 212쪽 | 값 13,000원

교실 속으로 간 이해중심 교육과정
온정덕 외 지음 | 224쪽 | 값 13,000원

교실, 평화를 말하다
따돌림사회연구모임 초등우정팀 지음
268쪽 | 값 15,000원

학교자율운영 2.0
김용 지음 | 240쪽 | 값 15,000원

학교자치를 부탁해
유우석 외 지음 | 252쪽 | 값 15,000원

국제이해교육 페다고지
강순원 외 지음 | 256쪽 | 값 15,000원

교사 전쟁
다나 골드스타인 지음 | 유성상 외 옮김
468쪽 | 값 23,000원

시민, 학교에 가다
최형규 지음 | 260쪽 | 값 15,000원

학교를 살리는 회복적 생활교육
김민자 · 이순영 · 정선영 지음 | 256쪽 | 값 15,000원

교사를 위한 교육학 강의
이형빈 지음 | 336쪽 | 값 17,000원

새로운학교 학생을 날게 하다
새로운학교네트워크 총서 02 | 408쪽 | 값 20,000원

세월호가 묻고 교육이 답하다
경기도교육연구원 지음 | 214쪽 | 값 13,000원

미래교육, 어떻게 만들어갈 것인가?
송기상 · 김성천 지음 | 300쪽 | 값 16,000원
2019 세종도서 교양부문

교육에 대한 오해
우문영 지음 | 224쪽 | 값 15,000원

혁신교육지구 현장을 가다
이용운 외 4인 지음 | 344쪽 | 값 18,000원

배움의 독립선언, 평생학습
정민승 지음 | 240쪽 | 값 15,000원

선생님, 페미니즘이 뭐예요?
염경미 지음 | 280쪽 | 값 15,000원

평화의 교육과정 섬김의 리더십
이준원 · 이형빈 지음 | 292쪽 | 값 16,000원

수포자의 시대
김성수 · 이형빈 지음 | 252쪽 | 값 15,000원

혁신학교와 실천적 교육과정
신은희 지음 | 236쪽 | 값 15,000원

삶의 시간을 잇는 문화예술교육
고영직 지음 | 292쪽 | 값 16,000원

혐오, 교실에 들어오다
이혜정 외 지음 | 232쪽 | 값 15,000원

혁신교육지구와 마을교육공동체는
어떻게 만들어지는가?
김태정 지음 | 376쪽 | 값 18,000원

**선생님, 특성화고 자기소개서
어떻게 써요?**
이지영 지음 | 322쪽 | 값 17,000원

학생과 교사, 수업을 묻다
전용진 지음 | 344쪽 | 값 18,000원

혁신학교의 꽃, 교육과정 다시 그리기
안재일 지음 | 344쪽 | 값 18,000원

● **살림터 참교육 문예 시리즈** 영혼이 있는 삶을 가르치는 온 선생님을 만나다!

꽃보다 귀한 우리 아이는
조재도 지음 | 244쪽 | 값 12,000원

성깔 있는 나무들
최은숙 지음 | 244쪽 | 값 12,000원

아이들에게 세상을 배웠네
명혜정 지음 | 240쪽 | 값 12,000원

밥상에서 세상으로
김흥숙 지음 | 280쪽 | 값 13,000원

우물쭈물하다 끝난 교사 이야기
유기창 지음 | 380쪽 | 값 17,000원

선생님이 먼저 때렸는데요
강병철 지음 | 248쪽 | 값 12,000원

서울 여자, 시골 선생님 되다
조경선 지음 | 252쪽 | 값 12,000원

행복한 창의 교육
최창의 지음 | 328쪽 | 값 15,000원

북유럽 교육 기행
정애경 외 14인 지음 | 288쪽 | 값 14,000원

시험 시간에 웃은 건 처음이에요
조규선 지음 | 252쪽 | 값 15,000원

● 교과서 밖에서 만나는 역사 교실 상식이 통하는 살아 있는 역사를 만나다

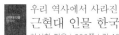
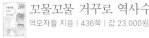

● 더불어 사는 정의로운 세상을 여는 인문사회과학 사람의 존엄과 평등의 가치를 배운다

 밥상혁명
강양구·강이현 지음 | 298쪽 | 값 13,800원

 도덕 교과서 무엇이 문제인가?
김대용 지음 | 272쪽 | 값 14,000원

 자율주의와 진보교육
조엘 스프링 지음 | 심성보 옮김 | 320쪽 | 값 15,000원

 민주화 이후의 공동체 교육
심성보 지음 | 392쪽 | 값 15,000원
2009 문화체육관광부 우수학술도서

 갈등을 넘어 협력 사회로
이창언·오수길·유문종·신윤관 지음
280쪽 | 값 15,000원

 동양사상과 마음교육
정재걸 외 지음 | 356쪽 | 값 16,000원
2015 세종도서 학술부문

 교과서 밖에서 배우는 철학 공부
정은교 지음 | 280쪽 | 값 14,000원

 교과서 밖에서 배우는 사회 공부
정은교 지음 | 304쪽 | 값 15,000원

 교과서 밖에서 배우는 윤리 공부
정은교 지음 | 292쪽 | 값 15,000원

 한글 혁명
김슬옹 지음 | 388쪽 | 값 18,000원

 우리 안의 미래교육
정재걸 지음 | 484쪽 | 값 25,000원

 왜 그는 한국으로 돌아왔는가?
황선준 지음 | 364쪽 | 값 17,000원
2019 세종도서 교양부문

 공간, 문화, 정치의 생태학
현광일 지음 | 232쪽 | 값 15,000원

 인공지능 시대의 사회학적 상상력
홍승표 지음 | 260쪽 | 값 15,000원

 동양사상과 인간 그리고 사회
이현지 지음 | 418쪽 | 값 21,000원

 좌우지간 인권이다
안경환 지음 | 288쪽 | 값 13,000원

 민주시민교육
심성보 지음 | 544쪽 | 값 25,000원

 민주시민을 위한 도덕교육
심성보 지음 | 500쪽 | 값 25,000원
2015 세종도서 학술부문

 교과서 밖에서 배우는 인문학 공부
정은교 지음 | 280쪽 | 값 13,000원

 오래된 미래교육
정재걸 지음 | 392쪽 | 값 18,000원

 대한민국 의료혁명
전국보건의료산업노동조합 엮음 | 548쪽 | 값 25,000원

 교과서 밖에서 배우는 고전 공부
정은교 지음 | 288쪽 | 값 14,000원

 전체 안의 전체 사고 속의 사고
김우창의 인문학을 읽다
현광일 지음 | 320쪽 | 값 15,000원

 카스트로, 종교를 말하다
피델 카스트로·프레이 베토 대담 | 조세종 옮김
420쪽 | 값 21,000원

 일제강점기 한국철학
이태우 지음 | 448쪽 | 값 25,000원

 한국 교육 제4의 길을 찾다
이길상 지음 | 400쪽 | 값 21,000원
2019 세종도서 학술부문

 마을교육공동체 생태적 의미와 실천
김용련 지음 | 256쪽 | 값 15,000원

 교육과정에서 왜 지식이 중요한가
심성보 지음 | 440쪽 | 값 23,000원

 식물에게서 교육을 배우다
이차영 지음 | 260쪽 | 값 15,000원

● 평화샘 프로젝트 매뉴얼 시리즈 학교폭력에 대한 근본적인 예방과 대책을 찾는다

학교폭력 어떻게 만들어지는가
문재현 외 지음 | 300쪽 | 값 14,000원

학교폭력, 멈춰!
문재현 외 지음 | 348쪽 | 값 15,000원

왕따, 이렇게 해결할 수 있다
문재현 외 지음 | 236쪽 | 값 12,000원

젊은 부모를 위한 백만 년의 육아 슬기
문재현 지음 | 248쪽 | 값 13,000원

우리는 마을에 산다
유양우 · 신동명 · 김수동 · 문재현 지음
312쪽 | 값 15,000원

누가, 학교폭력 해결을 가로막는가?
문재현 외 지음 | 312쪽 | 값 15,000원

아이들을 살리는 동네
문재현 · 신동명 · 김수동 지음 | 204쪽 | 값 10,000원

평화! 행복한 학교의 시작
문재현 외 지음 | 252쪽 | 값 12,000원

마을에 배움의 길이 있다
문재현 지음 | 208쪽 | 값 10,000원

별자리, 인류의 이야기 주머니
문재현 · 문한 외 지음 | 444쪽 | 값 20,000원

동생아, 우리 뭐 하고 놀까?
문재현 외 지음 | 280쪽 | 값 15,000원

● 남북이 하나 되는 두물머리 평화교육 분단 극복을 위한 치열한 배움과 실천을 만나다

10년 후 통일
정동영 · 지승호 지음 | 328쪽 | 값 15,000원

분단시대의 통일교육
성래운 지음 | 428쪽 | 값 18,000원

한반도 평화교육 어떻게 할 것인가
이기범 외 지음 | 252쪽 | 값 15,000원

선생님, 통일이 뭐예요?
정경호 지음 | 252쪽 | 값 13,000원

김창환 교수의 DMZ 지리 이야기
김창환 지음 | 264쪽 | 값 15,000원

● 창의적인 협력 수업을 지향하는 삶이 있는 국어 교실 우리말 글을 배우며 세상을 배운다

중학교 국어 수업 어떻게 할 것인가?
김미경 지음 | 340쪽 | 값 15,000원

토닥토닥 토론해요
명혜정 · 이명선 · 조선미 엮음 | 288쪽 | 값 15,000원

어린이와 시
오인태 지음 | 192쪽 | 값 12,000원

언어던
정은균 지음 | 268쪽 | 값 15,000원
2019 세종도서 교양부문

감각의 갱신, 화장하는 인민
남북문학예술연구회 | 380쪽 | 값 19,000원

토론의 숲에서 나를 만나다
명혜정 엮음 | 312쪽 | 값 15,000원

인문학의 숲을 거니는 토론 수업
순천국어교사모임 엮음 | 308쪽 | 값 15,000원

수업, 슬로리딩과 함께
박경숙 외 지음 | 268쪽 | 값 15,000원

민촌 이기영 평전
이성렬 지음 | 508쪽 | 값 20,000원

참된 삶과 교육에 관한
생각 줍기